SEIS SOMBREROS PARA PENSAR

Biblioteca Edward de Bono

Últimos títulos publicados:

Seis sombreros para pensar
Creatividad
El pensamiento lateral práctico
Aprende a pensar por ti mismo
Simplicidad
Más allá de la competencia
Seis marcos laterales
La revolución positiva
¡Piensa!
Ideas para profesionales que piensan
Lógica fluida
El pensamiento lateral

Edward de Bono

SEIS SOMBREROS PARA PENSAR

PAIDÓS
Barcelona
Buenos Aires
México

Título original: *Six Thinking Hats*, de Edward de Bono
Publicado en inglés, en 2000, por Penguin Books, Londres and Company LLC, Nueva York

Traducción de Remedios Diéguez Diéguez

Cubierta de Idee

1ª edición, febrero 2008
1ª edición en esta presentación, abril 2010
6ª impresión, enero 2016

Espasa Libros, S. L. U.,
Avda. Diagonal, 662-664. 08034 Barcelona, España
Paidós es un sello editorial de Espasa Libros, S. L. U.
www.paidos.com
www.planetadelibros.com

ISBN: 978-84-493-2307-2
Depósito legal: M. 13.202-2010

Impreso en Rodesa, Rotativas Estella, S. L.

El papel utilizado para la impresión de este libro es cien por cien libre de cloro y está calificado como papel ecológico

Impreso en España – *Printed in Spain*

SUMARIO

PRÓLOGO

El método de los seis sombreros para pensar representa, probablemente, el cambio en el pensamiento humano más importante de los últimos doscientos treinta años.

Esta afirmación puede parecer exagerada, pero todo apunta a que es cierta. Cuando este libro se publicó por primera vez, hace catorce años, esa afirmación no habría tenido ningún fundamento. Sin embargo, las pruebas que la confirman se van acumulando año tras año.

Una gran empresa (ABB) invertía treinta días en sus reuniones para discutir los proyectos multinacionales. Con el pensamiento paralelo del método de los seis sombreros, las discusiones se han reducido a dos días. Un investigador de un importante laboratorio de IBM me dijo que con el método de los seis sombreros habían reducido el tiempo invertido en las reuniones en un 25 %. Statoil (Noruega) tenía un problema con una plataforma petrolera que le estaba costando 100.000 dólares al día. Un formador certificado, Jens Arup, presentó a la empresa el método de los seis sombreros, y en doce minutos el problema estaba resuelto (y el gasto se redujo a cero). Existen dos casos similares relacionados con los tribunales. En el primero de esos casos, el jurado tardó más de tres horas en tomar una decisión. En el segundo caso, uno de los miembros del jurado planteó el método de los seis sombreros. Llegaron a un acuerdo en quince minutos. En un sencillo experimento con trescientos funcionarios veteranos, la introducción del método de los seis sombreros aumentó su productividad de pensamiento en un 493 %.

Estos ejemplos hablan de cambios enormes. Normalmente nos sentimos muy satisfechos con aumentos de la productividad de un 5 % o un 10 %. En los casos citados, hablamos de cambios del 500 % o más. Algo está ocurriendo.

USO EXTENDIDO EN TODO EL MUNDO

Puedo afirmar que el método de los seis sombreros se aplica ya en todo el mundo. Cuando concebí el concepto, no tenía ni idea de lo rápido que iba a propagarse. Se trata de un método sencillo, sólido y eficaz, características que explican esa difusión.

El año pasado, un buen día, recibí dos cartas. Una de ellas era del jefe de investigación de Siemens en Alemania. Siemens es, con diferencia, la empresa más grande de Europa: cuenta con 400.000 empleados, aproximadamente, y con un volumen de negocios de más de 3.000 millones de euros (resultados de 2006). Actualmente cuenta con 37 formadores en mis métodos, y cada departamento dispone de una «unidad de innovación» especial basada en mis métodos. En su carta, el jefe de investigación me explicaba que había utilizado con éxito el método de los seis sombreros en una reunión. La segunda carta era de Simon Batchelor, que había estado en una misión en Camboya para ayudar a los pueblos jemer a realizar perforaciones para disponer de agua. Al principio le costó mucho que los lugareños se implicasen en el proyecto. Se había llevado uno de mis libros, *Cómo enseñar a pensar a tu hijo*, y a partir de él enseñó el método de los seis sombreros a los jemer. Se mostraron tan entusiasmados que le dijeron a Batchelor que aprender a pensar era más importante que conseguir agua.

Unos días más tarde, en Wellington (Nueva Zelanda), el director de una de las escuelas más importantes del país, la Wellesley, me explicó que estaba enseñando el método a alumnos de 5 años (unos meses más tarde, el director del Clayfield Collage, en Brisbane, me dijo que lo enseñaban a niños de 4 años). Una semana después de mi paso por Nueva Zelanda, participé en una importante reunión de marketing de Microsoft en Seattle y presenté a los asistentes el concepto de «pensamiento paralelo» del método de los seis sombreros. Han aplicado el método la NASA, IBM, DuPont, NTT (Japón), Shell, BP, Statoil (Noruega), Marzotto (Italia) y Federal Express, entre muchas otras empresas. Esto demuestra la enorme adaptabilidad del método de los seis sombreros: se puede enseñar por igual a altos ejecutivos y a niños en edad preescolar.

El método de los seis sombreros

Pensar es el recurso humano por excelencia. Sin embargo, nunca nos damos por satisfechos con nuestra habilidad más importante. Siempre queremos ser mejores. Por lo general, las personas muy satisfechas con su capacidad de pensar son aquellas que creen que la finalidad de la misma es demostrar que tienen razón (para su propia satisfacción). Si tenemos una visión limitada de lo que el pensamiento es capaz de lograr, no pasaremos de vanagloriarnos de lo bien que se nos da.

La principal dificultad de pensar es la confusión. Pretendemos hacer demasiadas cosas a la vez. Las emociones, la información, la lógica, la esperanza y la creatividad se nos agolpan. Es como intentar hacer malabares con demasiadas pelotas.

En este libro planteo un concepto muy sencillo que permite al pensador hacer las cosas de una en una, separar la emoción de la lógica, la creatividad de la información, etc. El concepto es el de los seis sombreros para pensar. Cada uno de los sombreros define un determinado tipo de pensamiento. Aquí describo la naturaleza y la contribución de cada uno de esos tipos.

Los seis sombreros para pensar nos permiten dirigir nuestro pensamiento, igual que un director de orquesta guía a los músicos. Podemos conseguir de él lo que queramos. De forma similar, en cualquier reunión resulta muy útil sacar a los participantes de su modo de hacer habitual para que piensen de manera distinta sobre el tema que se vaya a tratar.

El principal valor del concepto de los seis sombreros para pensar es, sencillamente, la *comodidad* para aplicarlo.

NOTA ESPECIAL SOBRE EL SOMBRERO NEGRO

Dedico esta nota especial al sombrero negro porque algunas personas lo han malinterpretado y otras lo consideran un sombrero negativo. Sin embargo, el sombrero negro es el más valioso de todos y, sin duda, el más utilizado. El sombrero negro implica ser cuidadoso y precavido. Señala las dificultades, los peligros y los problemas potenciales. Con el sombrero negro evitamos ponernos en peligro a nosotros mismos y a los demás.

En general, el pensamiento occidental tiende a definir el «sombrero negro» haciendo hincapié en el pensamiento crítico y en la precaución. Evita los errores, los excesos y las estupideces.

NOTAS A LA TERCERA EDICIÓN

En la actualidad existen numerosas experiencias de aplicación del método de los seis sombreros. No era así cuando escribí el libro. Por tanto, ya se puede aplicar el método con total confianza, ya no se trata de probar algo nuevo y extraño. Ahora es cuestión de ponerse al día con un eficaz método de pensamiento que lleva utilizándose catorce años entre personas de todas las edades, culturas y capacidades.

En ocasiones surgen dudas sobre los sombreros y los colores porque no parecen suficientemente serios o complicados (a algunas personas les encantan las complicaciones). En la práctica, la sencillez nunca ha supuesto un problema. La gente se da cuenta de que necesita los sombreros y los colores como sencillos «ganchos» mentales. Los sombreros y los colores resultan mucho más fáciles de recordar que los términos psicológicos complicados.

Esta edición revisada y actualizada se basa en mi experiencia de uso y trabajo con el método de los seis sombreros. Con los años, se ha demostrado que el método resulta eficaz y fácil de utilizar. La eficacia del método es mucho mayor de lo que yo había imaginado. Supone una alternativa al sistema de discusión, que nunca ha sido constructivo o creativo. Con el método de los seis sombreros se hace hincapié en lo que «puede ser», no sólo en lo que «es», y en establecer un camino hacia adelante (no en lo que está bien o mal).

1

INTRODUCCIÓN

Un antílope que se encuentra pastando en África oye un ruido. Inmediatamente, todas las neuronas relacionadas con el peligro se activan, de manera que el animal identifica al león en cuanto éste aparece entre la hierba y el antílope puede huir. Esa sensibilización es una parte clave del funcionamiento del cerebro y una razón de su gran eficacia.

No es posible experimentar una sensibilización en diferentes direcciones al mismo tiempo, como no sería posible diseñar un campo de golf que fuese el mejor para practicar el *drive* y a la vez el mejor para el *putt*. Por eso el método de los seis sombreros resulta esencial: porque permite al cerebro maximizar su sensibilización en distintas direcciones y en diferentes momentos. Simplemente, es imposible experimentar a la vez esa sensibilización máxima en direcciones distintas.

Discusión frente a pensamiento paralelo

La idea básica del pensamiento occidental surgió en la Grecia clásica, concretamente del «grupo de los tres», y se basa en la discusión.

Sócrates insistió en la importancia de la dialéctica y la discusión. En el 80 % de los diálogos en los que estaba implicado (tal como los describe Platón) no se produce un resultado constructivo. Sócrates consideraba que su papel consistía simplemente en señalar lo que estaba «mal». Su intención era aclarar el uso correcto de conceptos como «justicia» y «amor» señalando los usos incorrectos. Platón consideraba que la verdad «última» se ocultaba bajo las apariencias. Su famosa analogía describe a una persona encadenada en una cueva de manera que sólo puede ver la pared posterior de la misma. En la entrada de la caverna hay una hoguera. Cuando alguien entra en la cueva, su sombra se proyecta en la pared posterior: es lo único que puede ver la persona encadenada. Platón utilizó esta analogía para señalar que durante nuestro paso por la vida sólo podemos ver «sombras» de la verdad.

Aristóteles sistematizó la lógica de inclusión/exclusión. De las experiencias pasadas podemos juntar «cajas», definiciones, categorías o principios. Cuando se nos presenta algo nuevo, juzgamos en qué categoría debemos colocarlo. Algunas cosas podrían estar en la caja o no estar, pero no es posible que esté la mitad dentro y la mitad fuera.

Así, el pensamiento occidental se ocupa de «lo que es», que está determinado por el análisis, el juicio y la discusión.

Se trata de un sistema válido y útil, pero existe otro aspecto del pensamiento que tiene que ver con «lo que puede ser» y que implica un pensamiento constructivo y creativo, y un «diseñar un camino hacia adelante».

En 1998 me invitaron a dar una charla de inauguración en la Convención Constitucional de Australia sobre el futuro de la federación. Allí expliqué la siguiente historia: «Érase una vez un hombre que pintó la mitad de su coche de color blanco y la otra mitad de negro. Sus amigos le preguntaron por qué había hecho algo tan extraño, y él respondió: "Porque cada vez que tengo un accidente es divertidísimo escuchar cómo se contradicen los testigos en el juicio"».

Al final de la convención, el presidente —sir Anthony Mason— me dijo que iba a utilizar aquella historia porque ocurre con mucha frecuencia que las dos partes de una discusión tienen razón, pero cada una se refiere a un aspecto distinto de la situación.

Muchas culturas del mundo, o quizá la mayoría, consideran que las discusiones son agresivas, personales y no constructivas. Por esta razón adoptan con tanta facilidad el pensamiento paralelo del método de los seis sombreros.

UN MUNDO CAMBIANTE

Un sistema de pensamiento basado en la discusión es excelente, como también lo es la rueda delantera izquierda de un coche. No tiene nada de malo. Sin embargo, no es suficiente.

Un médico examina a un niño con una erupción. El doctor piensa de inmediato en algunas «cajas» posibles. ¿Obedece a quemaduras solares? ¿Una alergia alimentaria? ¿Es el sarampión? A continuación, el médico evalúa las señales y los síntomas y se forma una opinión. Si el doctor juzga que la dolencia se adapta a la caja del «sarampión», el tratamiento aparece escrito en un lado de esa «caja» y el médico sabe exactamente qué hacer. Se trata de pensamiento tradicional en su forma positiva.

A partir del pasado creamos situaciones estándar. Valoramos en qué «caja de situación estándar» debe ir cada situación nueva. Una vez realizada la valoración, nuestra línea de acción queda clara.

Ese sistema funciona bien en un mundo estable, donde se siguen aplicando las situaciones estándar del pasado. Sin embargo, en un mundo cambiante eso no es posible.

En lugar de juzgar nuestro camino hacia adelante, necesitamos diseñar ese camino. Tenemos que pensar en «lo que puede ser», no sólo en «lo que es».

Sin embargo, la tradición del pensamiento occidental (y del pensamiento en general) carece de un modelo sencillo de pensamiento constructivo. De eso trata precisamente el método de los seis sombreros (pensamiento paralelo).

¿QUÉ ES EL PENSAMIENTO PARALELO?

Imaginemos una casa de campo grande y preciosa. Hay una persona delante de la casa y otra detrás. Dos personas más se encuentran a cada lado de la casa. Las cuatro personas tienen una visión distinta de la vivienda. Las cuatro discuten (vía intercomunicador) porque cada una afirma que la suya es la visión correcta de la casa.

Utilizando el pensamiento paralelo, todas se dirigen a la parte delantera de la casa y observan. A continuación, van a un lado, después a la parte posterior y por último al lado que falta. Así, en cada momento cada persona observa en paralelo desde el mismo punto de vista.

Es casi lo contrario del pensamiento argumentativo y de confrontación donde cada parte adopta una visión contraria de forma deliberada. Dado que cada persona acaba observando los cuatro lados del edificio, el tema se explora a fondo. El pensamiento paralelo implica que en todo momento hay alguien mirando en la misma dirección.

Sin embargo, el pensamiento paralelo va más allá. En el pensamiento tradicional, si dos personas no coinciden se produce una discusión en la que cada una intenta demostrar a la otra que está equivocada. En el pensamiento paralelo, ambos puntos de vista se sitúan en paralelo, por muy contradictorios que parezcan. Si más adelante surge la necesidad de elegir entre las diferentes posiciones, la opción se realiza en ese momento. Si no es posible tomar una decisión, el diseño tiene que abarcar las dos posibilidades.

En todo momento, el objetivo principal es diseñar un camino hacia adelante.

Direcciones y sombreros

La esencia del pensamiento paralelo es que en todo momento hay alguien mirando en la misma dirección (aunque esa dirección se puede cambiar). Se le puede pedir a un explorador que mire al norte o al este: son etiquetas de direcciones estándar. Necesitamos algunas etiquetas de dirección para pensar. ¿Cuáles son las diferentes direcciones en las que los pensadores pueden mirar?

Aquí intervienen los sombreros.

En muchas culturas existe una fuerte asociación entre pensamiento y «sombreros para pensar» o «gorros para pensar». El valor de un sombrero como símbolo es que indica un papel, un rol. Se dice que cada persona lleva un determinado sombrero. Otra ventaja es que un sombrero se puede poner o quitar con facilidad. Además, todo el mundo lo ve. Por estas razones elegí los sombreros como símbolos de las direcciones del pensamiento.

Aunque en ocasiones se utilizan sombreros físicos, suelen ser imaginarios. A veces se emplean carteles de sombreros para decorar las paredes de las salas de reuniones como recordatorios de las direcciones. Son seis sombreros de colores que corresponden a las seis direcciones del pensamiento: blanco, rojo, negro, amarillo, verde y azul.

DIRECCIONES, NO DESCRIPCIONES

Es muy importante tener en cuenta que los sombreros son direcciones, no descripciones de lo ocurrido. No es cuestión de que todo el mundo diga lo que quiera y después se utilicen los sombreros para describir lo que se ha dicho. Se trata de proponerse pensar en esa dirección.

«Vamos a pensar un poco con el sombrero blanco» significa centrarse en la información de manera consciente. A continuación, todos intentan pensar en información disponible, información necesaria, preguntas por formular, otros modos de conseguir la información, etc.

«Ahora quiero que utilicéis el sombrero rojo» es una petición específica de sentimientos, intuición y emociones en un tema determinado.

«Aquí iría bien el sombrero negro; ahora vamos a cambiar al amarillo...» En este caso, la expresión *sombrero negro* describe un proceso de pensamiento que parece precavido y que apunta a posibles dificultades, pero la intención principal consiste en pedir un cambio hacia la dirección del sombrero amarillo (beneficios, valores, etc.).

Resulta extremadamente importante apreciar la diferencia entre descripción y dirección. Una descripción trata de lo que ha ocurrido. Una dirección tiene que ver con lo que está por venir.

«Quiero que mires hacia el este» es muy distinto de «Has mirado hacia el este».

«Quiero que prepares unos huevos revueltos» es muy diferente de «Veo que has preparado unos huevos revueltos».

NO SE ESTABLECEN CATEGORÍAS CON LAS PERSONAS

Es posible crear pruebas para determinar si una persona es de tipo A o B, o cualquier discriminación descriptiva similar. Los psicólogos lo hacen continuamente. La dificultad radica en que cuando las personas se clasifican en «cajas», tienden a quedarse ahí. De nuevo, se trata de un ejemplo de «lo que es» y no de «lo que puede ser».

En una carrera, lo «normal» sería que un hombre delgado gane a uno grueso («lo que es»). Sin embargo, si el hombre grueso aprende a montar en bicicleta, derrotará a su contrincante delgado («lo que puede ser»).

Existe la enorme tentación de utilizar los sombreros para describir y categorizar a las personas; por ejemplo: «Ella es de sombrero negro», «Él es una persona de sombrero verde», etc. Es preciso resistir a esa tentación. Los sombreros no son descripciones de personas, sino modos de comportamiento.

Es cierto que algunas personas se muestran permanentemente cautelosas e inclinadas a buscar los peligros. Es cierto que hay personas que siempre tienen mil ideas, y otras a las que se les da mejor concentrarse en hechos. Las personas pueden preferir un modo a otro y ser mejores en un modo que en otro. No obstante, los sombreros no son categorías de personas.

Si conduces un coche con cambio manual, utilizas todas las marchas. Todos los cilindros del motor están en funcionamiento. Los sombreros son direcciones de pensamiento. Toda persona debe ser capaz de mirar en todas las direcciones.

Por todas estas razones, el uso de los sombreros como etiquetas resulta peligroso, porque destruye la verdadera esencia del sistema: que todos miren en todas las direcciones.

Nota sobre el uso de los sombreros para pensar

Cuando la gente me explica que ha utilizado el método de los seis sombreros, les pregunto cómo lo han hecho y descubro que, en ocasiones, lo aplican incorrectamente. En una reunión, algún participante es etiquetado como el pensador del sombrero negro, otro como el del sombrero blanco, etc. Después mantienen esos papeles durante toda la reunión. Es casi lo contrario de cómo debería emplearse el sistema. La clave del pensamiento paralelo consiste en utilizar la experiencia y la inteligencia de todos en todas las direcciones. Así, todos los presentes se ponen el sombrero negro en el momento oportuno. Todos llevan el sombrero blanco en otro momento. Eso es pensamiento paralelo: utilizar la inteligencia y la experiencia de todos.

Alardear

Muchas personas me explican que disfrutan discutiendo porque pueden alardear de su ingenio. Son capaces de ganar discusiones y derrotar a sus oponentes. Nada de esto resulta constructivo, aunque puede existir la necesidad humana de presumir.

Por eso, el pensamiento paralelo y el método de los seis sombreros no excluyen la posibilidad de alardear.

Un pensador presume demostrando que se le ocurren muchas ideas con el sombrero amarillo, el negro, etc. Nos lucimos cuando demostramos ser buenos pensadores. Presumimos si en la reunión pasamos por mejores pensadores que los demás. La diferencia es que este tipo de presunción es constructiva. El ego no está atado a la idea de tener razón.

A JUGAR

Existen muchas maneras de intentar cambiar la personalidad de los individuos. Se cree que si señalamos un tipo de personalidad o una debilidad, la persona en cuestión intentará compensar esa debilidad. En general, esos métodos son lentos y no funcionan.

Cuando las personas se colocan en una determinada «caja» o categoría, algunas intentan compensarlo. Sin embargo, el esfuerzo de la compensación les recuerda «qué son» y se hunden todavía más en esa categoría.

Desde Freud se hace hincapié en el análisis: encontrar las verdades y las motivaciones profundas para la acción. El enfoque de Confucio era casi el contrario. En lugar de centrarse en la personalidad, él apuntaba directamente al comportamiento y nos instaba a emplear la conducta adecuada con los colegas, los subordinados, los superiores y la familia. A Confucio no le interesaba lo más mínimo la personalidad o el carácter.

El método de los seis sombreros sigue más el enfoque confuciano que el analítico. Se plantean las normas del comportamiento y se respetan. Si eres agresivo, nadie va a intentar hacer que rebajes tu agresividad. Sin embargo, si se utiliza el sombrero amarillo, canalizarás tu agresividad en esa dirección.

Al tratar directamente del comportamiento, el método de los seis sombreros resulta mucho más aceptable y eficaz que otros métodos rápidos que pretenden cambiar personalidades.

El aspecto de «juego» de los seis sombreros es muy importante. Si se desarrolla un juego, se considerará que todo aquel que no respete las normas está poco dispuesto a colaborar. Si se pasa del sombrero negro (precaución) al amarillo (posibles beneficios) y una persona sigue planteando los peligros potenciales, se considerará que se está negando a jugar. Conseguir que la gente «participe en el juego» ofrece una poderosa herramienta para modificar el comportamiento.

RESULTADOS

Con la experiencia de los años, los resultados de la aplicación del método de los seis sombreros son cada vez más claros. Se basan en datos procedentes de diversas fuentes y se dividen en cuatro grandes categorías que paso a resumir a continuación.

Poder

Con el método de los seis sombreros, la inteligencia, la experiencia y los conocimientos de todos los miembros del grupo se emplean al máximo. Todos miran y trabajan en la misma dirección.

Un imán es potente porque todas las partículas se alinean en la misma dirección. No ocurre lo mismo con las discusiones. Con el modo discusión (por ejemplo, en un tribunal de justicia), cada parte intenta ganar el caso. Si a una de las partes se le ocurre alguna idea que podría beneficiar a la otra, esa idea nunca se plantea. El objetivo es ganar, no explorar el tema de forma honesta.

Resulta totalmente absurdo que una persona oculte información o un punto de vista porque el hecho de revelarlo debilitaría su argumentación. La concentración de los rayos de sol puede fundir el metal más duro. Del mismo modo, la concentración de la capacidad mental de muchas personas en un mismo problema puede contribuir a resolverlo con mayor facilidad.

Ahorrar tiempo

Optus (de Australia) había reservado cuatro horas para una discusión importante. Con el método de los seis sombreros, la discusión concluyó en cuarenta y cinco minutos.

De todas partes llegan relatos de la rapidez con que se celebran las reuniones cuando se emplean los seis sombreros. El tiempo se reduce a la mitad, a un tercio, a una cuarta parte... En ocasiones (como es el caso de ABB), las reuniones ocupan una quinta parte del tiempo.

En Estados Unidos, muchos jefes invierten casi el 40 % de su tiempo en reuniones. Si el método de los seis sombreros redujese el tiempo total de las reuniones en un 75 %, obtendrían un 30 % más de tiempo (y sin coste alguno).

En un proceso de pensamiento normal o discusión, si una persona dice algo, las otras tienen que responder aunque sólo sea por educación. No es el caso del pensamiento paralelo.

Con el pensamiento paralelo, todos los pensadores miran en la misma dirección en todo momento. Los pensamientos discurren en paralelo. No hay que responder a lo último que se ha dicho: simplemente, se añade otra idea paralela. Al final, el tema se habrá explorado en todas sus facetas y de forma rápida.

Normalmente, cuando surgen dos puntos de vista enfrentados, se discuten. Con el pensamiento paralelo, se sitúan uno al lado del otro. Más tarde, si resulta esencial elegir uno de los dos, se toma una decisión. Por tanto, no hay discusión en ningún momento.

Fuera egos

Posiblemente, el mayor obstáculo contra el pensamiento rápido y eficaz es el ego. La gente tiende a utilizar el pensamiento para exhibir su ego.

Emplean el pensamiento para atacar y quitar mérito a otras personas, para tomar un camino individual, para demostrar a los demás lo inteligentes que son, para expresar antagonismos personales.

Algunos deciden mostrar su desacuerdo sólo para poner en evidencia a la persona que ha planteado la idea en cuestión. Si hubiese sido otro el que hubiese propuesto la misma idea, habrían mostrado su total acuerdo. En general, no somos conscientes de lo mucho que interfiere el ego en el pensamiento eficaz.

Durante las deliberaciones de los jurados, habitualmente surgen dos personalidades que se niegan al acuerdo a pesar de todas las pruebas. Algunos jueces me han explicado que es un problema más serio de lo que mucha gente se imagina. Resulta evidente que esa traba echa a perder el valor básico del sistema del jurado. Por esa razón, en varios países están interesados en formar a los jurados en el método de los seis sombreros. Al eliminar el problema de los egos, las deliberaciones serían mucho más rápidas.

El pensamiento polémico y de confrontación agrava el problema del ego. El pensamiento con los seis sombreros lo elimina. Con el método de los seis sombreros se utiliza el ego para actuar bien como pensador con cada uno de los sombreros.

El método de los seis sombreros permite explorar los temas de forma neutra y objetiva; la discusión, no.

Las cosas, de una en una

La confusión es el mayor enemigo del pensamiento eficaz. Queremos hacer demasiadas cosas al mismo tiempo. Buscamos información. Nos influyen los sentimientos. Buscamos nuevas ideas y opciones. Tenemos que ser precavidos. Queremos beneficios. Son muchas cosas a la vez.

Hacer malabares con seis pelotas es muy difícil. Resulta más sencillo lanzarlas de una en una.

Con el método de los seis sombreros intentamos hacer las cosas de una en una. Hay un momento en que buscamos el peligro (sombrero negro). Hay un momento en que buscamos nuevas ideas (sombrero verde). Hay un momento en que nos concentramos en la información (sombrero blanco). No intentamos hacer todo al mismo tiempo.

En las impresoras a color, cada tono se imprime por separado, de uno en uno, y al final se obtiene el efecto global. Ocurre lo mismo con el pensamiento de los seis sombreros: hacemos las cosas de una en una y al final obtenemos el cuadro completo.

Bajo esta idea subyace la necesidad fisiológica de separar los tipos de pensamiento. Como ya he mencionado en la introducción, el cerebro se sensibiliza para buscar el peligro y los beneficios mediante un patrón químico distinto.

Los aviones que se acercan a la pista de aterrizaje suelen sobrevolar aparcamientos. Si decides fijarte en los coches amarillos, éstos sobresalen y se hacen visibles. Este es un ejemplo de sensibilización.

No es posible experimentar una sensibilización en direcciones distintas al mismo tiempo. Por tanto, cuando pretendemos resolver todos los aspectos del pensamiento a la vez, nos quedamos por debajo de nuestras posibilidades en todos ellos.

> Todos los puntos mencionados en esta sección pueden parecer obvios y lógicos. De hecho, no tienen ningún misterio. Cuando se emplea el método de los seis sombreros, las ventajas aparecen casi de inmediato. Las reuniones plagadas de divagaciones y guiadas por los egos pasan a ser constructivas, productivas y mucho más rápidas.

La gente no decide discutir porque sea su método favorito. Simplemente, no conocen otras formas de intercambiar opiniones. El método de los seis sombreros proporciona otra forma.

2

SEIS SOMBREROS, SEIS COLORES

Cada uno de los seis sombreros para pensar tiene un color: blanco, rojo, negro, amarillo, verde y azul. El color da nombre al sombrero.

Podría haber elegido nombres griegos para indicar el tipo de pensamiento que requiere cada sombrero. Sería impresionante y agradaría a algunas personas. Sin embargo, su valor sería muy escaso porque los nombres resultarían difíciles de recordar.

Quiero que los pensadores *visualicen* e imaginen los sombreros como sombreros reales. Para que esto ocurra, el color es importante. ¿De qué otra manera se distinguirían los sombreros? Si, por ejemplo, tuviesen formas distintas, también serían difíciles de aprender y resultarían confusas. El color facilita mucho la tarea.

El color de cada sombrero se relaciona con su función.

Sombrero blanco. El blanco es neutro y objetivo. El sombrero blanco se relaciona con hechos objetivos y cifras.

Sombrero rojo. El rojo sugiere ira y emociones. El sombrero rojo aporta el punto de vista emocional.

Sombrero negro. El negro es sombrío y serio. El sombrero negro es precavido y cuidadoso. Señala los puntos débiles de las ideas.

Sombrero amarillo. El amarillo es alegre y positivo. El sombrero amarillo es optimista e incluye la esperanza y el pensamiento positivo.

Sombrero verde. El verde es la hierba, la vegetación y el crecimiento abundante y fértil. El sombrero verde indica creatividad y nuevas ideas.

Sombrero azul. El azul es fresco, además de ser el color del cielo (que está por encima de todo). El sombrero azul tiene que ver con el control, la organización del proceso de pensamiento y el uso de los otros sombreros.

Si recuerdas el color y las asociaciones de cada sombrero, recordarás también su función. Además, puedes tener en cuenta tres pares de sombreros:

Blanco y rojo
Negro y amarillo
Verde y azul

En la práctica, los sombreros *siempre* se denominan por su color y *nunca* por su función. Existe una buena razón para que sea así. Si pides a alguien que te muestre su reacción emocional a algo, es poco probable que obtengas una respuesta honesta porque la gente considera que ser emocional no es bueno. En cambio, el término *sombrero rojo* es neutro. Resulta más sencillo sugerir a alguien que «se quite el sombrero negro un momento» que pedirle que deje de ser tan precavido. La neutralidad de los colores permite utilizar los sombreros sin ningún problema. Pensar se convierte en un juego con normas definidas, y no en un intercambio de exhortaciones y condenas. Los sombreros se mencionan de forma explícita:

- Quiero que te quites el sombrero negro.
- Durante cinco minutos, vamos a ponernos todos los sombreros para pensar rojos.
- Eso está bien para el pensamiento del sombrero amarillo. Ahora vamos a ver el sombrero blanco.

Cuando trates con personas que no han leído este libro y no conocen el simbolismo de los seis sombreros para pensar, la explicación que acompaña a cada color puede ayudarles a hacerse una idea rápida. Lo siguiente que debes hacer es facilitarles un ejemplar para que lo lean. Cuando más se extienda el lenguaje, más eficaz será su uso. Llegará el momento en que podréis reuniros alrededor de una mesa y cambiar de sombreros con facilidad.

3

UTILIZAR LOS SOMBREROS

Existen dos modos básicos de uso de los sombreros: individual, para pedir un tipo de pensamiento, o bien en una secuencia, para analizar un tema o solucionar un problema.

USO INDIVIDUAL

En esta modalidad, los sombreros se utilizan como símbolos para pedir un tipo determinado de pensamiento. En el transcurso de una conversación o discusión puede surgir la necesidad de generar opciones nuevas:

- Creo que aquí necesitamos algo de pensamiento de sombrero verde.

Más adelante, en la misma reunión, se sugiere otra vía de acción:

- Quizá deberíamos utilizar el sombrero negro en este punto.

Esta artificialidad de los sombreros es su punto fuerte. Sin los sombreros, nuestras peticiones para pensar resultan poco convincentes y demasiado personales:

- Aquí necesitamos algo de creatividad.
- No seas tan negativo/a.

Cuando Ron Barbaro era el director de Prudential Insurance, le observé interactuando con sus ejecutivos. Él sugería una idea y los que le rodeaban señalaban que podría no gustar a los agentes, o ser demasiado arriesgada, o ilegal, etc. Barbaro escuchaba con atención, y al final dijo: «Sí. Buen pensamiento de sombrero negro. Ahora vamos a probar con el sombrero rojo».

En Japón es de mala educación criticar las sugerencias de los jefes. Los sombreros proporcionan una señal neutra que permite realizar comentarios cautelosos.

- Señor Shinto, me gustaría aportar algo de pensamiento de sombrero negro en este punto.

El sombrero rojo proporciona una oportunidad única para apelar a los sentimientos, las emociones y la intuición. En general, la gente no muestra sus sentimientos, y para un jefe resulta difícil pedir que se manifiesten.

Sin embargo, la formalidad y la neutralidad del sombrero rojo permiten pedir a un individuo que exprese sus sentimientos sobre una cuestión determinada.

El sombrero amarillo brinda la oportunidad de lograr que los participantes en la reunión busquen valores. Es posible que una idea se deseche inmediatamente porque a primera vista tiene pocas virtudes y muchos inconvenientes. Sin embargo, después de aplicar el sombrero amarillo, esa idea puede acabar resultando muy beneficiosa.

- Esta idea no parece nada prometedora, pero vamos a verla con el sombrero amarillo.

En general, resulta más complicado encontrar ventajas que peligros. Con el sombrero amarillo se puede conseguir una visión muy profunda del tema tratado. Una cuestión que parecía poco prometedora puede poseer, en realidad, un gran valor que había pasado inadvertido.

El sombrero blanco permite separar la información pura de las valoraciones. La formalidad del sombrero blanco exige limitarse estrictamente a la información.

No es necesario especificar un sombrero cada vez que se abre la boca. Los sombreros están ahí para utilizarlos a discreción, como un medio formal para pedir un determinado tipo de pensamiento. Cuando el equipo esté formado en el uso de los sombreros, todos sabrán cómo responder exactamente. En lugar de la petición general y vaga de «vamos a pensar en esto», ahora existe un modo preciso de pedir un modo determinado de pensamiento.

Uso en secuencia

Los sombreros también se pueden utilizar uno detrás de otro formando una secuencia.

Todos los sombreros se pueden utilizar con la frecuencia que se desee.

No hay necesidad de utilizar todos los sombreros.

La secuencia puede ser de dos, tres, cuatro o más sombreros.

Existen dos tipos generales de secuencias: evolutiva y preestablecida.

Con la secuencia evolutiva, se elige el primer sombrero. Cuando éste se completa, se elige el siguiente, y así sucesivamente. No recomiendo esta secuencia, a menos que se esté familiarizado con el método de los seis sombreros, por dos razones. La primera es que los miembros del grupo podrían enzarzarse en una discusión para decidir qué sombrero se va a utilizar a continuación, de manera que quedaría poco tiempo para pensar en la cuestión propiamente dicha. La segunda razón es que se corre el riesgo de creer que la persona que decide la secuencia está manipulando la reunión para obtener los resultados que desee. Mientras no se tenga experiencia en el uso del método de los seis sombreros, lo mejor es recurrir a secuencias preestablecidas.

Una secuencia preestablecida se fija al principio de la reunión con un sombrero azul inicial. La secuencia se propone por adelantado y después se sigue. Se permiten pequeñas variaciones en función del resultado.

Disciplina

La disciplina es muy importante. Los miembros del grupo deben conservar el sombrero indicado en cada momento. Ningún miembro del grupo puede decir: «Quiero ponerme el sombrero negro ahora». Eso significaría volver al modo habitual de discusión. El único que puede autorizar un cambio de sombrero es el líder del grupo, la persona que preside la reunión o el facilitador. No se pueden utilizar los sombreros para describir lo que se quiere decir. Los sombreros indican la dirección en la que hay que pensar. Es muy importante mantener esta disciplina. Después de unas cuantas sesiones, a todos les resultará mucho más sencillo conservar el sombrero indicado.

Tiempo asignado

¿Cuánto tiempo hay que asignar a cada sombrero? Personalmente, prefiero que sean momentos breves: así, los participantes se ven obligados a concentrarse en la tarea y se reduce la palabrería innecesaria. En general, asignaría un minuto a cada persona. Por tanto, si en la reunión participan cuatro personas, se dedicarían cuatro minutos a cada sombrero. Si todavía surgen ideas auténticas transcurrido el tiempo fijado, sugiero que se prolongue. Por tanto, si con el sombrero negro se plantean puntos importantes, no es necesario decir: «Lo siento, se acabó el tiempo». Se puede aumentar el tiempo cuanto sea necesario mientras sigan surgiendo ideas interesantes.

Es mucho mejor fijar un espacio de tiempo breve y aumentarlo en lugar de asignar mucho tiempo y quedarse sin ideas.

El sombrero rojo difiere del resto en lo que respecta al tiempo. Sólo se necesita un espacio de tiempo muy breve para que cada uno de los presentes exprese sus sentimientos, ya que en este caso no hay explicaciones o comentarios. La expresión del sentimiento debe ser rápida y definitiva. En general, basta un minuto para que cada uno exprese sus sentimientos.

Guías

No existe una única secuencia correcta. Cualquier secuencia de sombreros que resulte adecuada para el grupo dará buenos resultados. Algunas secuencias son apropiadas para la exploración, otras para resolver problemas, para solucionar discusiones, tomar decisiones, etc. De la misma manera que un carpintero tiene que acostumbrarse a utilizar sus herramientas, resulta importante acostumbrarse a establecer las secuencias y utilizarlas.

Al principio y al final de la sesión convendría utilizar siempre un sombrero azul, como si fuesen dos sujetalibros.

El primer sombrero azul indica:
por qué estamos aquí,
qué pensamos,
la definición de la situación (o del problema),
definiciones alternativas,
qué queremos conseguir,
a dónde queremos llegar,
los antecedentes del pensamiento y
un plan para la secuencia de sombreros a utilizar.

El sombrero azul final indica:
qué hemos conseguido,
resultados,
conclusión,
diseño,
solución y
siguientes pasos.

Lo que siga al primer sombrero azul dependerá de la naturaleza del pensamiento.

Después del primer sombrero azul se puede utilizar el sombrero rojo. Así ocurre en las situaciones en que se cree que ya existen sentimientos intensos sobre el tema. El sombrero rojo supone una oportunidad de exponer abiertamente esos sentimientos desde el primer momento.

Antes de la celebración de las primeras elecciones en Sudáfrica fui invitado a enseñar el método de los seis sombreros a los jefes de los comités del acuerdo de paz responsables de resolver los problemas locales. Casi siempre comenzaban sus reuniones con el sombrero rojo para brindar a todos la oportunidad de expresar sus sentimientos y emociones.

El sombrero rojo inicial no debería utilizarse en determinadas situaciones. Por ejemplo, si el jefe expresa sus sentimientos, es posible que los demás sientan la necesidad de coincidir con él. El sombrero rojo inicial tampoco resulta acertado si no existen sentimientos previos. No sirve de nada pedir a la gente que manifieste sus sentimientos tan pronto.

En una situación de valoración parece acertado anteponer el sombrero amarillo al negro. Si con el sombrero amarillo no se encuentra demasiado valor a la idea, no sirve de nada seguir adelante. Por otro lado, si encuentras muy útil el sombrero amarillo y después pasas al negro y descubres numerosos obstáculos y dificultades, te sentirás motivado para superar las dificultades porque has visto los beneficios. En cambio, si empiezas viendo todas las dificultades, tu motivación será totalmente distinta.

Es posible que, en ocasiones, quieras ponerte un sombrero rojo después del sombrero azul final. Este último sombrero rojo reflexiona sobre el «rendimiento del pensamiento»:

¿Qué sentimos sobre nuestro pensamiento?
¿Estamos contentos con el resultado?
¿Hemos hecho un buen trabajo?

Éstas son sólo algunas guías. En las sesiones formativas que imparten los formadores autorizados se ofrece un conjunto completo de guías con secuencias específicas para diferentes situaciones. Además, es posible seleccionar y practicar secuencias.

En general, cualquier secuencia que vaya bien como «estrategia de pensamiento» será válida y dará resultados.

EN GRUPO E INDIVIDUALMENTE

Los beneficios más espectaculares del método de los seis sombreros se observan en las discusiones o conversaciones en grupo. En esas situaciones, el método proporciona un marco mucho más eficaz que el enfrentamiento.

Los sombreros también pueden ser utilizados por individuos que piensan por sí solos. La estructura secuenciada reduce la confusión y garantiza un tratamiento completo de todos los aspectos.

Los sombreros también se pueden utilizar en informes o en otros tipos de comunicaciones. Una vez más, permiten tratar todos los aspectos. En un informe, el marco también permite plantear todos los aspectos «problemáticos» sin molestar a nadie.

Individuos en grupos

Incluso cuando el método de los seis sombreros se aplica en reuniones de grupo, el portavoz o el facilitador puede pedir a los participantes que planteen pensamientos individuales. Así se logran más ideas. En una discusión de grupo estamos tan ocupados escuchando a los demás que apenas queda tiempo para pensar.

- Vamos a cambiar al sombrero amarillo. Quiero que invirtáis dos minutos en pensar individualmente antes de empezar el debate.

El acto de pensar por separado resulta especialmente útil con los sombreros verde, amarillo y negro.

El que preside la mesa puede indicar a los participantes que se tomen un tiempo para pensar individualmente incluso mientras se está utilizando un sombrero.

- Ahora me gustaría que hagáis un poco de pensamiento de sombrero verde de forma individual. No me gustan las alternativas que han surgido hasta el momento.

Aunque la mayoría de las sesiones de grupo implican que los participantes expresen libremente sus ideas siempre que quieran (con el sombrero correspondiente), también es posible preguntarles abiertamente qué piensan.

- Señor Smith, todavía no ha intervenido. ¿Cuál es su pensamiento de sombrero negro sobre este punto?
- Me gustaría que intervinieses con el sombrero amarillo, Henrietta.

Cuando se introduce un sombrero, también es posible preguntar a cada participante, de uno en uno, qué piensa. Resulta especialmente útil cuando se ha dejado un tiempo previo para pensar.

EL SOMBRERO BLANCO

Piensa en un papel. Piensa en un documento impreso. El sombrero blanco trata sobre información. Cuando se utiliza el sombrero blanco, todos se concentran de forma directa y exclusiva en la información.

¿Qué información tenemos?
¿Qué información necesitamos?
¿Qué información falta?
¿Qué preguntas tenemos que hacer?
¿Cómo vamos a conseguir la información que necesitamos?

La información puede abarcar desde los hechos y las cifras objetivas y comprobables hasta los datos subjetivos como las opiniones y los sentimientos. Si expresas un sentimiento, es sombrero rojo, pero si informas de que alguien ha expresado un sentimiento, es sombrero blanco.

Cuando se ofrecen dos datos que no concuerdan, no se produce una discusión: los datos se sitúan en paralelo. Sólo se tomará una decisión si resulta esencial elegir entre ellos.

En general, el sombrero blanco se utiliza al principio de una sesión de pensamiento, como fondo para el ejercicio de pensar que va a tener lugar. El sombrero blanco también se puede utilizar hacia el final de la sesión como una especie de evaluación: «¿Encajan nuestras propuestas con la información de que disponemos?».

El sombrero blanco es neutro. Informa sobre el mundo. No sirve para generar ideas, aunque es aceptable para informar sobre ideas que se están utilizando o que se han sugerido.

Una parte muy importante del sombrero blanco consiste en definir la información que falta y se necesita. El sombrero blanco define las preguntas que hay que formular y dispone los medios (como estudios y cuestionarios) para obtener la información necesaria.

La energía del sombrero blanco se destina a buscar y plantear la información.

4

EL SOMBRERO BLANCO

Hechos y cifras

¿Puedes jugar a ser un ordenador?
Explica los hechos de forma neutra y objetiva.
No importa la interpretación: sólo los hechos, por favor.
¿Cuáles son los hechos en este asunto?

Los ordenadores no son emocionales (aunque, probablemente, tendremos que hacer que lo sean si queremos que piensen de forma inteligente). Esperamos de una computadora que nos muestre los hechos y las cifras a demanda. No esperamos que discuta con nosotros y que utilice sus hechos y cifras sólo para apoyar su argumento.

Con frecuencia, los hechos y las cifras arraigan en los argumentos. Los hechos se utilizan con algún fin, no se presentan simplemente como hechos. Los hechos y las cifras nunca se pueden tratar de manera objetiva cuando forman parte de un argumento.

Por tanto, necesitamos con urgencia un interruptor que diga: «Sólo los hechos, por favor; sin el argumento».

Por desgracia, el pensamiento occidental, con sus hábitos argumentativos, prefiere plantear primero una conclusión y después aportar los hechos que apoyan esa conclusión. Por el contrario, en la confección del tipo de pensamiento que defiendo, tenemos que trazar primero el mapa y después elegir la ruta. Eso significa que necesitamos los hechos y las cifras en primer lugar.

Así, el pensamiento de sombrero blanco ofrece un método práctico para pedir que se planteen los hechos y las cifras de forma neutra y objetiva.

En una ocasión, International Business Machines (Estados Unidos) se enfrentó a un gigantesco caso de monopolios. Finalmente, el caso se desestimó (casi con toda seguridad, porque se cayó en la cuenta de que Estados Unidos necesitaba el poder de IBM para competir con la muy organizada electrónica japonesa). Se ha sugerido que existió otra razón para dejar el caso. IBM aportó tantos documentos (alrededor de siete millones, según creo) que ningún juzgado podía trabajar con ese volumen. Si el juez muere en el transcurso de un caso, éste tiene que empezar desde el principio. Dado que los jueces se nombran a una edad relativamente madura, existía una gran probabilidad de que el juez del caso muriese durante el mismo. Por tanto, no se podría celebrar a menos que se nombrase un juez muy joven para tratar el caso durante toda su carrera.

La cuestión de esta historia es que se puede responder con tanta información a una petición de hechos y cifras que la respuesta queda eclipsada por la cantidad de datos.

- Si quieres hechos y cifras, puedes (improperio borrado) conseguirlos. Todos.

Este tipo de respuesta resulta incomprensible porque cualquier intento de simplificar los hechos puede verse como una selección de hechos para crear un caso determinado.

A fin de evitar las avalanchas de información, la persona que solicite el pensamiento de sombrero blanco puede concretar su petición para obtener la información necesaria.

- Dime qué piensas con el sombrero blanco y a grandes rasgos sobre el desempleo.
- Ahora dime las cifras de alumnos que dejan los estudios seis meses después de acabar la escuela.

La formulación de preguntas adecuadas que delimitan el terreno forma parte del proceso normal de pedir información. Los abogados expertos en repreguntar lo hacen continuamente. Lo ideal sería que el testigo llevase el sombrero blanco y respondiese a las preguntas basándose en los hechos. Para los jueces y los abogados, el lenguaje del sombrero blanco podría ser el más conveniente.

• Como he dicho, regresó a su apartamento a las seis y media de la mañana porque había pasado toda la noche jugando.

• Señor Jones: ¿realmente vio al acusado jugando la noche del 30 de junio, o le dijo él que había estado jugando?

• No, Señoría, pero sale a jugar casi todas las noches.

• Señor Jones, si llevase puesto el sombrero de pensar blanco, ¿qué habría dicho?

• Vi al acusado regresando a su apartamento a las seis y media de la mañana del 1 de julio.

• Gracias. Puede sentarse.

Conviene señalar que los abogados, en los juicios, *siempre* intentan imponer su punto de vista. Por tanto, formulan sus preguntas de manera que apoyen su línea de argumentación o para destruir la línea de la otra parte. Por supuesto, es exactamente lo contrario del pensamiento de sombrero blanco. El papel del juez resulta muy curioso.

En el sistema legal holandés no hay jurado. Los tres jueces o asesores intentan utilizar pensamiento de sombrero blanco puro para averiguar los hechos de cada caso. Su tarea consiste en trazar el «mapa» y juzgar. No ocurre lo mismo en Inglaterra o en Estados Unidos, donde el juez debe proteger las normas de evidencia y responder después a las evidencias extraídas por los abogados, ya sea bien de forma directa o bien a través de un jurado.

Por tanto, todo aquel que formule preguntas para obtener información debe asegurarse de utilizar el sombrero de pensamiento blanco *personalmente*. ¿Realmente estás intentando entender los hechos, o más bien estás creando un caso para una idea que se ha desarrollado en tu cabeza?

- El año pasado se produjo un aumento del 25 % en las ventas de carne de pavo en Estados Unidos debido al auge de las dietas y de la preocupación por la salud. El público percibe la carne de pavo como «más ligera».
- Señor Fitzler: le he pedido que se ponga su *sombrero blanco*. El hecho es el aumento del 25 %. El resto es una interpretación suya.
- No, señor. Los estudios de mercado demuestran que la razón que da la gente para comprar carne de pavo es que cree que tiene menos colesterol.
- Muy bien, entonces tiene dos hechos. Hecho uno: las ventas de carne de pavo han aumentado un 25 % en el último año. Hecho dos: algunos estudios de mercado demuestran que el consumidor afirma comprar carne de pavo porque le preocupa el colesterol.

El sombrero blanco aporta una especie de dirección a tomar con respecto a la información. Podemos ponernos el objetivo de representar el papel del sombrero blanco lo mejor posible, lo cual significa intentar obtener los datos puros. Resulta obvio que el papel del sombrero blanco implica cierta habilidad (quizá más que el resto de sombreros).

- Existe la tendencia de que cada vez más mujeres fuman cigarros puros.
- Eso no es un hecho.
- Sí. Tengo aquí las cifras.
- Tus cifras demuestran que en cada uno de los últimos tres años ha aumentado el número de mujeres que fuman cigarros puros con respecto al año anterior.
- ¿No es eso una tendencia?
- Podría ser. Pero es una interpretación. Para mí, una tendencia sugiere algo que está ocurriendo y que va a seguir ocurriendo. Las cifras son el hecho. Puede ser que las mujeres fumen más cigarros porque fuman más en conjunto (posiblemente, debido al aumento de la ansiedad). O podría ser que en los últimos tres años los fabricantes de puros hayan invertido una cantidad de dinero inusual para convencer a las mujeres de que fumen sus productos. La primera es una tendencia que podría crear oportunidades. La segunda tiene bastante menos de oportunidad.
- Sólo he utilizado la palabra *tendencia* para describir unas cifras que aumentan.
- Ése podría ser un buen uso de la palabra *tendencia*, pero existe otro uso que implica un proceso en desarrollo. Por tanto, tal vez sería mejor utilizar pensamiento de sombrero blanco puro y decir: «En los últimos tres años, las cifras demuestran un aumento en el número de mujeres fumadoras». Después podríamos pasar a discutir qué significa esa información y a qué puede deberse.

En este sentido, el pensamiento de sombrero blanco se convierte en una disciplina que anima al pensador a separar en su mente qué son hechos y qué es extrapolación o interpretación. Podemos imaginar que muchos políticos tendrían dificultades considerables con el pensamiento de sombrero blanco.

5

PENSAMIENTO DE SOMBRERO BLANCO

¿De qué hecho hablamos?

¿Es un hecho o una probabilidad?
¿Es un hecho o una creencia?
¿Hay algún hecho?

Gran parte de lo que se consideran hechos no son más que comentarios realizados con buena fe o creencias personales manifestadas en ese momento. La vida tiene que avanzar. No es posible comprobar todo con el rigor de un experimento científico. Por tanto, en la práctica establecemos una especie de sistema en dos niveles: *hechos creídos* y *hechos comprobados*.

Con el sombrero blanco podemos plantear hechos creídos, pero debemos dejar totalmente claro que se trata de hechos de segunda clase.

- Creo que tengo razón cuando digo que la flota mercante rusa transporta una parte significativa del comercio mundial.

- Una vez leí que la razón por la que los ejecutivos japoneses tienen cuentas de gastos de representación tan abultadas es que entregan todo su sueldo a sus esposas.
- Creo que tengo razón cuando digo que el nuevo Boeing 757 es mucho más silencioso que los aviones de la generación anterior.

El lector irritado podría señalar que esas expresiones «equívocas» permiten que cualquiera pueda decir prácticamente cualquier cosa sin ninguna repercusión.

- Alguien me dijo en una ocasión que un amigo le había dicho que Churchill admiraba a Hitler en secreto.

El método queda abierto a la acusación, el rumor y las habladurías. No obstante, tenemos que disponer de un modo de plantear los hechos creídos.

El punto importante es el *uso* que se le va a dar a los hechos. Antes de proceder sobre un hecho o convertirlo en la base de una decisión, necesitamos comprobarlo. Evaluamos qué hechos creídos podrían resultar útiles y después pasamos a intentar verificarlos. Por ejemplo, si el supuesto silencio del Boeing 757 es decisivo para la ubicación de un aeropuerto, sin duda necesitamos que la idea pase del estatus de «creída» al de «comprobada».

La norma clave del pensamiento de sombrero blanco es que nada debe plantearse a un nivel más alto del que en realidad ocupa. Cuando la afirmación se enmarca correctamente como una creencia, las aportaciones son permisibles. Recuerda el sistema de los dos niveles.

No dejaré de insistir en que necesitamos el nivel de los hechos creídos porque lo provisional, lo hipotético y lo provocador son elementos esenciales para pensar. Proporcionan los marcos que van por delante de los hechos.

Y llegamos a un punto bastante difícil. ¿Cuándo se convierte la «creencia» en «opinión»? Puedo «creer» que el Boeing 757 es más silencioso. También puedo «creer» (opinión) que las mujeres fuman más porque ahora están sometidas a más estrés.

Debo aclarar de inmediato que *tu opinión* es inaceptable con el sombrero blanco: echaría a perder el objetivo del sombrero. Por supuesto, puedes informar sobre la opinión real de otras personas.

- El profesor Schmidt opina que el hombre nunca podrá volar.

Observa con mucha atención que el nivel de creencia de los hechos simplemente hace referencia a algo que *crees que es un hecho*, pero que todavía no has comprobado. Tal vez prefieras dividir así los dos niveles:

1. Hecho comprobado.
2. Hecho no comprobado (creencia).

Al final, la actitud es lo que importa. Con el sombrero blanco, el pensador pone sobre la mesa afirmaciones con «ingredientes» neutros. No es posible plantear la posibilidad de utilizarlas para provocar un determinado punto de vista. En el instante en que una afirmación parece utilizada para fomentar un punto de vista, surge la sospecha de que se está abusando del papel del sombrero blanco.

Con el tiempo, las normas del sombrero blanco se convierten en algo natural. El pensador ya no intenta dejar caer afirmaciones con el fin de ganar las discusiones. Desarrolla la objetividad neutra de un observador científico o de un explorador que anota con precisión todos los ejemplares de la fauna y la flora sin intención de dar otro uso a esa información. La tarea del cartógrafo consiste en crear mapas.

El pensador de sombrero blanco pone sobre la mesa los «especímenes», como un colegial que al vaciarse los bolsillos saca unas monedas, unos chicles y una rana.

6

PENSAMIENTO DE SOMBRERO BLANCO

Aportaciones de estilo japonés

Discusión, polémica y consenso.
Si nadie plantea una idea, ¿de dónde salen las ideas?
Haz primero el mapa.

Los japoneses nunca han adquirido el hábito occidental de la discusión. Puede que la falta de acuerdo fuese demasiado descortés o excesivamente arriesgada en una sociedad feudal. Quizás el respeto mutuo y guardar las apariencias son demasiado importantes para permitir el ataque de la discusión. O puede que la cultura japonesa no esté basada en el ego como la occidental: las polémicas suelen tener una fuerte base en los egos. La explicación más verosímil es que la cultura japonesa no recibió la influencia de las máximas del pensamiento griego que los monjes medievales refinaron y desarrollaron como un medio para demostrar que los herejes estaban equivocados. Nos parece extraño que los japoneses no discutan. A ellos les sorprende que nos gusten las discusiones.

En una reunión de estilo occidental, los participantes aportan su punto de vista y, en muchos casos, la conclusión en la que desean ponerse de acuerdo. La reunión consiste en discutir sobre esos puntos de vista para comprobar cuáles sobreviven a las críticas y cuáles logran más apoyo.

En las ideas iniciales se introducen modificaciones y mejoras. Sin embargo, en general se trata de una cuestión de «escultura de mármol», lo que significa comenzar con un gran bloque e ir tallándolo hasta obtener la pieza final.

Una reunión de consenso de estilo occidental resulta menos polémica porque no hay ganadores o perdedores rotundos. El resultado es consensuado por todos y aceptable para todos. Se parecería más a una «escultura de arcilla»: hay un núcleo en torno al cual se van colocando piezas de arcilla que después se modelan hasta conseguir el resultado final.

Las reuniones japonesas no son reuniones de consenso.

Para los occidentales resulta difícil entender que los participantes japoneses de una reunión acudan a la misma sin ninguna idea prefijada. El propósito de la reunión es escuchar. Entonces, ¿por qué no impera un silencio total e improductivo? Porque cada participante, por turnos, se pone el sombrero blanco y aporta su granito de información neutra. El mapa se va completando y ganando en detalles poco a poco. Cuando el mapa está terminado, la ruta resulta obvia para todo el mundo. No estoy sugiriendo que este proceso tenga lugar en una sola reunión: puede prolongarse durante semanas y meses de numerosos encuentros.

La cuestión es que nadie plantea ideas preconcebidas. La información se ofrece al estilo del sombrero blanco. Esa información se organiza poco a poco hasta convertirse en una idea y los participantes observan cómo ocurre.

La noción occidental es que las ideas deben tomar forma mediante la discusión.

La noción japonesa es que las ideas surgen como plantitas que después se nutren para que tomen forma.

Esta exposición es una versión un tanto idealizada del contraste entre la discusión occidental y la aportación de información del estilo japonés. Mi intención es señalar este contraste en lugar de seguir a los que creen que todo lo japonés resulta maravilloso y debe ser imitado.

No podemos cambiar las culturas, así que necesitamos algún *mecanismo* que nos permita anular el hábito de discutir. El papel del sombrero blanco hace exactamente eso. Cuando lo utilizan todos los participantes de una reunión, el papel del sombrero blanco puede implicar: «Vamos a simular que somos japoneses en una reunión japonesa».

Para conseguir este tipo de intercambio de manera práctica necesitamos recursos artificiales, como el sombrero de pensamiento blanco. La exhortación y la explicación no tienen demasiado valor práctico.

(No quiero entrar a explicar por qué los japoneses no son más ingeniosos. El ingenio puede requerir una cultura basada en el ego con individuos cascarrabias capaces de insistir en una idea que a todos los que le rodean les parece descabellada. Podemos ser más prácticos si aplicamos las provocaciones deliberadas del pensamiento lateral, que trataré en el capítulo sobre el pensamiento de sombrero verde.)

7

PENSAMIENTO DE SOMBRERO BLANCO

Hechos, verdad y filósofos

¿Qué tiene de cierto un hecho?
¿Cuál es el valor de los juegos del lenguaje de la filosofía?
Verdades absolutas y «generales»

La verdad y los hechos no guardan una relación tan estrecha como mucha gente imagina. La verdad tiene que ver con un sistema de juegos de palabras conocido como filosofía. Los hechos se relacionan con la experiencia comprobable. Las personas prácticas sin demasiado interés por estas cuestiones pueden pasar al siguiente capítulo directamente.

Si todos los cisnes que vemos resultan ser blancos, ¿podemos afirmar sin dudar que «todos los cisnes son blancos»? Podemos y lo hacemos. De momento, esa afirmación es un resumen cierto de nuestra experiencia. En ese sentido, también es un hecho.

El primer cisne negro que veamos convertirá la afirmación en incierta. Así, pasamos de cierto a incierto de manera casi repentina. Sin embargo, en lo que respecta a los hechos, hay que sopesar cien experiencias con un cisne blanco frente a una sola con un cisne negro. Por lo tanto, como hecho experimentado podemos decir: «La mayoría de los cisnes son blancos»; «La inmensa mayoría de los cisnes son blancos», o «Algo más del 99 % de cisnes son blancos».

Esa «inmensa mayoría» resulta muy práctica (a la inmensa mayoría de los niños les gusta el helado; la inmensa mayoría de las mujeres utilizan cosméticos), pero no es precisamente útil para los lógicos. El término «todos» resulta esencial en la afirmación «*Todos* los cisnes son blancos», ya que la lógica tiene que pasar de una verdad absoluta a otra. «Si eso es cierto... se deduce que...»

Cuando descubrimos al primer cisne negro, la afirmación «Todos los cisnes son blancos» pasa a ser incierta, a no ser que decidamos llamar de otro modo al cisne negro. En ese caso, la cuestión pasa a tratar de palabras y definiciones. Si decidimos mantener la blancura como una parte esencial de la definición de cisne, el ejemplar negro será otra cosa. Si, en cambio, la blancura no es una parte esencial de la definición, podemos incluir el cisne negro y basar la definición de cisne en otras características. La creación y la manipulación de estas definiciones constituyen la esencia de la filosofía.

El pensamiento de sombrero blanco trata de información útil. Por tanto, las expresiones «la inmensa mayoría» y «en general» resultan perfectamente aceptables.

El objetivo de las estadísticas es otorgar cierta especificidad a estas expresiones un tanto vagas. No siempre es posible recopilar esas estadísticas, razón por la que hay que utilizar con frecuencia el sistema de los dos niveles (creencia, hecho comprobado).

- La inmensa mayoría de las empresas que basan sus inversiones en ventas futuras extrapoladas acaban teniendo problemas. (Se pueden citar algunas empresas que lo hayan hecho y hayan tenido éxito.)
- Las ventas tenderán a aumentar si se bajan los precios. (Cuando los precios de la vivienda suben, puede producirse un aumento de ventas debido a la especulación, o al temor a la inflación o a quedarse atrás.)
- Si te esfuerzas, tendrás éxito en la vida. (A muchas personas que realizan grandes esfuerzos no les va especialmente bien.)

El espectro de posibilidades puede expresarse de las siguientes maneras:

Siempre es cierto
Casi siempre es cierto
Generalmente es cierto
La inmensa mayoría
Muy a menudo
Más o menos la mitad de las veces
Con frecuencia
A veces es cierto

Ocasionalmente es cierto
Se sabe que ha ocurrido
Nunca es cierto
No puede ser cierto (contradictorio)

¿Hasta qué punto de este espectro es permisible llegar con el sombrero blanco? Como antes, la respuesta está en la formulación de la información. Por ejemplo, puede ser útil saber cosas que ocurren sólo muy de vez en cuando.

- En general, el sarampión no tiene consecuencias, pero *a veces* puede ir acompañado de infecciones secundarias (por ejemplo, de oído).
- En *casos muy raros*, una inyección puede ir seguida de encefalitis.
- *Se sabe de casos* de perros de esta raza que al sentirse nerviosos han mordido a niños.

Obviamente, vale la pena prestar atención a este tipo de información. Además, se plantea un dilema. En el segundo ejemplo, la percepción del peligro de encefalitis después de una inyección puede ser mil veces mayor que el peligro estadístico real. Por tanto, conviene ofrecer cifras reales para evitar informaciones erróneas involuntarias.

¿Son aceptables las anécdotas en el pensamiento de sombrero blanco?

- Un hombre cayó de un avión sin paracaídas y sobrevivió.
- Se dice que Ford diseñó el Edsel basándose en estudios de mercado y fue un completo desastre.

Estas afirmaciones pueden relatar, en realidad, hechos, y como tales el pensador de sombrero blanco tiene el derecho de plantearlas. Se pueden formular como «anécdotas» o «ejemplos».

- Los diseños basados en estudios de mercado pueden fracasar. Tomemos como ejemplo el del coche Edsel: se dice que su diseño se basó en estudios de mercado, pero fue un fracaso total.

Esta explicación no es pensamiento de sombrero blanco legítimo (a menos que se haga más hincapié en la afirmación de que los diseños basados en estudios de mercado fracasan). Los gatos se pueden caer de los tejados, pero no es lo normal.

Las excepciones destacan simplemente porque son excepciones. Los cisnes negros no pasan desapercibidos porque forman una minoría muy reducida. Reparamos en el hombre que sobrevive sin paracaídas a una caída desde un avión porque es algo inusual. El Edsel siempre se menciona por la misma razón.

El objetivo del pensamiento de sombrero blanco consiste en ser práctico. Por tanto, debemos poder plantear todo tipo de información. La clave radica en formularla correctamente.

- Los expertos pronostican que los tipos de interés caerán a finales de año.
- He hablado con cuatro expertos y todos pronostican que los tipos de interés caerán a finales de año.
- He hablado con los señores Flint, Ziegler, Cagliatto y Suárez, y todos pronostican que los tipos de interés caerán a finales de año.

Éstos son ejemplos de tres niveles de precisión. Puede ocurrir que ni siquiera el tercer nivel sea del todo satisfactorio: a lo mejor quiero saber *cuándo* has hablado con esos expertos.

No hay nada absoluto en el pensamiento de sombrero blanco. Es una dirección en la que intentamos mejorar.

8

PENSAMIENTO DE SOMBRERO BLANCO

¿Quién se pone el sombrero?

Ponte tu sombrero.
Pide a alguien que se ponga el sombrero.
Pide a todo el mundo que se ponga el sombrero blanco.
Elige la respuesta con el sombrero puesto.

La mayoría de las situaciones se engloban en las afirmaciones anteriores. Significan que puedes pedir, que te pidan o elegir.

- ¿Por qué ha fracasado la campaña de ventas?
- Para responder voy a ponerme el sombrero blanco. Llegamos al 34 % de minoristas. De éstos, sólo el 60 % se quedó el producto. De los que compraron el producto, el 40 % adquirió dos piezas como prueba. El 70 % de las personas con las que hablamos nos dijeron que el precio era excesivo. En el mercado existen dos productos competitivos a precios más bajos.
- Ahora dime lo que piensas con el sombrero rojo.
- Tenemos un producto malo y caro. Tenemos una mala imagen en el mercado. La campaña de la competen-

cia es mejor y llega a más personas. No atraemos a los mejores vendedores.

Los aspectos de «sentimientos» del pensamiento de sombrero rojo pueden ser más importantes en este caso. Sin embargo, no deben plantearse con el sombrero blanco, excepto si se trata de informar de lo que han dicho algunos clientes potenciales.

- Vamos a empezar poniéndonos nuestros sombreros de pensar blancos y diciendo lo que sabemos sobre la delincuencia juvenil. ¿Cuáles son las cifras? ¿Dónde están los informes? ¿Quién puede aportar pruebas?
- Me has dicho que vais a encargar ordenadores Prime. ¿Puedes explicarme qué opinas de eso con el sombrero blanco?
- No quiero que especuléis con lo que ocurriría si bajásemos la tarifa del transatlántico a 250 dólares. Quiero vuestro pensamiento de sombrero blanco.

Queda claro que el pensamiento de sombrero blanco excluye elementos tan valiosos como los presentimientos, la intuición, los juicios basados en la experiencia, los sentimientos, las impresiones y las opiniones. Por supuesto, ese es el propósito de llevar el sombrero blanco: tener un modo de pedir información, y sólo información.

- Me has preguntado qué pienso con el sombrero blanco sobre por qué cambio de trabajo. El sueldo no es mejor. Los extras tampoco. La distancia de casa es la misma. Las perspectivas de ascender son las mismas. El tipo de trabajo es idéntico. Es todo lo que puedo decir con el sombrero blanco.

9

RESUMEN DEL PENSAMIENTO DE SOMBRERO BLANCO

Imagina un ordenador que ofrece los hechos y las cifras que se le piden. El ordenador es neutro y objetivo. No ofrece interpretaciones ni opiniones. Cuando lleva el sombrero para pensar blanco, el pensador debería imitar al ordenador.

La persona que solicita información debería formular preguntas muy concretas para obtener esa información o para rellenar los vacíos.

En la práctica, existe un sistema de información de dos niveles. El primer nivel contiene hechos comprobados y demostrados (hechos de primera clase). El segundo nivel incluye hechos que se creen ciertos, pero que no se han comprobado (hechos de segunda clase).

Existe un espectro de probabilidades desde «siempre es cierto» a «nunca es cierto», con niveles intermedios como «la inmensa mayoría», «a veces», o bien «ocasionalmente». La información de este tipo se puede plantear con el sombrero blanco, siempre y cuando se emplee el «marco» adecuado, la formulación correcta, para indicar la probabilidad.

El pensamiento de sombrero blanco es una disciplina y una dirección. El pensador se esfuerza por ser más neutro y más objetivo en la presentación de la información. Pueden pedirte que te pongas el sombrero blanco o tú puedes pedir a alguien que se lo ponga. También puedes decidir ponértelo o quitártelo.

El blanco (ausencia de color) sugiere neutralidad.

EL SOMBRERO ROJO

Piensa en fuego. Piensa en calor. Piensa en sentimientos. Utilizar el sombrero rojo te brinda la oportunidad de expresar sentimientos, emociones e intuiciones sin necesidad de explicarlos o justificarlos.

En una discusión de negocios normal, se supone que nadie permite que las emociones entren en juego. De todas formas, acaban entrando (las disfrazamos de lógica). El sombrero rojo ofrece una posibilidad única y especial de plantear sentimientos, emociones e intuiciones como lo que son.

La intuición puede basarse en la experiencia.

- Siento que es la persona adecuada para el trabajo.
- Siento que es una empresa arriesgada.
- Mi intuición me dice que esta explicación es demasiado complicada.

Estos sentimientos resultan útiles. Sin embargo, la intuición no acierta siempre. Incluso la intuición del gran Einstein falló cuando el científico rechazó el principio de incertidumbre de Heisenberg.

Con el sombrero rojo se puede expresar toda una gama de sentimientos: entusiastas («Me encanta», «Me gusta»), neutros, inciertos, dudosos, encontrados, de infelicidad («No me gusta»), etc. La expresión del sentimiento puede variar de una cultura a otra. En Japón, los sentimientos se expresan de manera muy discreta: «Tengo que pensarlo». En Estados Unidos ocurre todo lo contrario: «Ésa es una idea pésima».

No hay necesidad de explicar o justificar los sentimientos. De hecho, el moderador no debería permitirlo. Si alguien cree que tiene que validar sus sentimientos, sólo planteará los sentimientos que se puedan validar. Por tanto, no cabe ninguna explicación. Sólo hay que expresar los sentimientos tal como aparecen, y en el momento en que aparecen. Puede ocurrir que al cabo de veinte minutos hayan cambiado. En ocasiones resulta útil trabajar con el sombrero rojo al principio de la reunión para evaluar los sentimientos, y otro sombrero rojo hacia el final para comprobar si esos sentimientos han cambiado.

El sombrero rojo siempre se aplica a una idea o situación específica. El pensador no puede cambiar la idea.

Si la petición es: «Dame tu sombrero rojo sobre las contribuciones obligatorias», el pensador no puede decir: «Me gustaría la idea si las contribuciones fuesen voluntarias».

Es preciso dejar muy claro que se está aplicando el sombrero rojo. De lo contrario, se dará pie a la confusión. Si es necesario, el portavoz puede plantear diferentes versiones (modificaciones) de una idea y pedir una interpretación con sombrero rojo de cada una.

El sombrero rojo también puede abarcar «sentimientos intelectuales», que son perfectamente válidos:

- Siento que la idea tiene potencial.
- Esa idea es muy interesante.
- La idea es muy inusual.

El sombrero rojo siempre se aplica de manera individual. A todos los participantes en la reunión se les pide que expongan sus sentimientos con el sombrero rojo sobre el tema que se esté discutiendo.

Los participantes no pueden «pasar» cuando se les pregunta por sus sentimientos. Pueden utilizar términos como *neutro, indeciso, confuso, dudoso o encontrado.*

Si los sentimientos se definen como *encontrados*, el facilitador puede preguntar qué compone esa mezcla.

El objetivo del sombrero rojo es expresar sentimientos tal como surgen, no forzar un juicio.

10

EL SOMBRERO ROJO

Emociones y sentimientos

Lo contrario de información neutra y objetiva.
Corazonadas, intuiciones, impresiones.
No es necesaria una justificación.
No hay necesidad de dar razones o explicar la base.

El sombrero rojo trata de emociones y sentimientos, y de los aspectos no racionales del pensamiento. Proporciona un canal formal y definido para dar a conocer esos elementos como una parte legítima del mapa global.

Si las emociones y los sentimientos no se permiten en el proceso de pensamiento, permanecerán latentes e influirán en ese proceso de un modo oculto. Las emociones, los sentimientos, las corazonadas y las intuiciones son intensas y reales. El sombrero rojo reconoce ese hecho.

El pensamiento de sombrero rojo es casi el opuesto exacto del blanco, que es neutro, objetivo y sin implicaciones emocionales.

- No me preguntes por qué. No me gusta este asunto. Es terrible.
- No me cae bien y no quiero hacer negocios con él. Eso es todo.
- Tengo la corazonada de que ese terreno detrás de la iglesia incrementará mucho su valor dentro de unos años.
- Ese diseño es horroroso. Nunca se pondrá de moda. Es tirar muchísimo dinero.
- Tengo debilidad por Henry. Sé que es un estafador y que nos ha timado, pero lo hizo con estilo. Me cae bien.
- El instinto me dice que esto no va a salir bien. Tiene muchas probabilidades de acabar en un litigio muy caro.
- Siento que ésta es una situación sin salida. Estamos perdidos si lo hacemos, y también si no lo hacemos. Tenemos que dejarlo.
- No creo que sea justo retener esta información hasta que se haya firmado el acuerdo.

Cualquier pensador que desee expresar impresiones de este tipo debe ponerse el sombrero rojo, ya que da permiso oficial para explicar sentimientos que van de la pura emoción a la corazonada.

11

PENSAMIENTO DE SOMBRERO ROJO

El lugar de las emociones en el pensamiento

¿Las emociones estropean el pensamiento, o forman parte de él?

¿En qué momento entran las emociones?

¿Pueden ser buenas pensadoras las personas emocionales?

La visión tradicional es que las emociones empañan el pensamiento. Se supone que el buen pensador es una persona fría y distante, que no se deja influir por las emociones; que es objetiva y que considera los hechos por lo que son, no por su relevancia respecto a sus propias necesidades emocionales. Incluso se afirma, de vez en cuando, que las mujeres son demasiado emocionales para ser buenas pensadoras. Se dice que las mujeres carecen de la distancia necesaria para tomar buenas decisiones.

Sin embargo, cualquier decisión acertada puede ser emocional al final. Y hago hincapié en eso: al final. Cuando utilizamos el pensamiento para trazar el mapa, nuestra elección de la ruta viene determinada por los valores y las emociones. Volveré a esta cuestión más adelante.

Las emociones dan relevancia a nuestro pensamiento y lo adaptan a nuestras necesidades y al contexto. Forman una parte necesaria del funcionamiento del cerebro; no son una intrusión o una reliquia del pasado.

Existen tres puntos en los que las emociones pueden influir en el pensamiento.

Puede existir una emoción intensa de fondo, como temor, ira, odio, sospecha, celos o amor. Ese fondo limita y empaña toda percepción. El propósito del sombrero rojo consiste en hacer visible ese fondo para que su influencia pueda ser observada. Todo el pensamiento puede estar dominado por una emoción de fondo de este tipo. Ésta, a su vez, puede hallarse sujeta a una persona o una situación, o bien estar presente por otras razones.

En el segundo caso, la emoción se desencadena a partir de la percepción inicial. Percibes que alguien te ha insultado y todo tu pensamiento sobre esa persona queda empañado por ese sentimiento. Percibes (tal vez erróneamente) que alguien está diciendo algo por interés personal y pasas a ignorar todo lo que esa persona dice. Percibes algo como un aviso y te niegas a creerlo. Somos muy dados a realizar este tipo de juicios instantáneos y a quedar atrapados en las emociones que liberan. El pensamiento de sombrero rojo nos brinda la oportunidad de sacar esos sentimientos directamente a la superficie en cuanto aparecen.

- Si me pusiese el sombrero rojo, diría que tu oferta favorece tus propios intereses y no los de la empresa.
- Mi sombrero rojo me dice que quieres oponerte a la fusión para conservar tu trabajo y no para beneficiar a los accionistas.

El tercer punto en el que pueden aparecer las emociones tiene lugar una vez completado el mapa de la situación. Éste debe incluir las emociones que hayan surgido con el sombrero rojo. A continuación, se plantean las emociones (incluyendo los intereses personales) para elegir la ruta. Toda decisión tiene una base de valor. Reaccionamos a los valores de manera emocional. Nuestra reacción al valor de la libertad es emocional (sobre todo si hemos estado privados de libertad).

- Ahora que tenemos clara la situación, vamos a ponernos el sombrero rojo y a aportar nuestra decisión de acción emocional.
- De las dos posibilidades, continuar con la huelga o la negociación, prefiero la primera. No creo que sea un buen momento para negociar. Ninguna de las dos partes está lo suficientemente herida para querer renunciar a nada.

Para aquellos que ven el valor de expresar las emociones implicadas en un pensamiento sobre un tema determinado, el sombrero rojo proporciona un medio útil de legitimizar esas emociones, que así tendrán su lugar en el mapa definitivo.

Sin embargo, ¿puede el sombrero rojo destapar las emociones que deben mantenerse ocultas?

- Me opongo a su nombramiento porque tengo envidia de ella y de su rápido ascenso.

¿Revelaría alguien una envidia parecida? Probablemente no. El sombrero rojo, no obstante, permite algo así:

- Voy a ponerme el sombrero rojo y voy a decir que siento que la oposición al ascenso de Anne podría estar basada, en parte, en la envidia.

Como alternativa:

- Voy a cubrirme con el sombrero rojo y a decir que me opongo al ascenso de Anne. Es sólo un sentimiento que tengo.

Conviene recordar que un pensador, en la intimidad de su mente, puede decidir ponerse el sombrero rojo. Esto le permite sacar a relucir sus emociones de manera legítima.

- Aquí podría intervenir un elemento de temor. Temor de los problemas que implican los cambios en el trabajo.
- Sí, estoy muy enfadado. Y ahora mismo sólo quiero recuperarme. No me gusta que me engañen.

- Tengo que admitir que no estoy feliz en este trabajo.

El pensamiento de sombrero rojo fomenta la búsqueda: «¿Qué emociones hay implicadas en esta cuestión?».

12

PENSAMIENTO DE SOMBRERO ROJO

Intuición y corazonadas

¿En qué grado son válidas las intuiciones?
¿Hasta qué punto son valiosas las intuiciones?
¿Cómo se utilizan las intuiciones?

La palabra *intuición* se utiliza con dos sentidos. Los dos son correctos, pero en lo que se refiere al funcionamiento del cerebro son completamente distintos. El término se puede utilizar en el sentido de una visión repentina, lo que significa que algo que se percibe de un modo, de repente se percibe de otro. Este fenómeno puede tener como resultado un arranque de creatividad, un descubrimiento científico o un avance matemático.

- Desvía la atención del ganador a todos los perdedores y verás rápidamente que 131 candidatos individuales necesitarán 130 compañeros para que el resultado sea de 130 perdedores.

El otro uso de la palabra *intuición* es la comprensión inmediata de una situación. Es el resultado de un juicio complejo basado en la experiencia, un juicio que probablemente no se puede detallar o quizá ni siquiera expresar con palabras. Cuando reconoces a un amigo lo haces de forma inmediata, como un juicio complejo basado en diversos factores.

- Tengo la intuición de que este coche eléctrico no se va a vender.

Esa intuición puede basarse en el conocimiento del mercado, en la experiencia con productos similares y en los datos sobre las decisiones de compra en esa gama de precios.

Este tipo de juicio «complejo» de la intuición es el que quiero tratar aquí.

La intuición, las corazonadas y las sensaciones están muy próximas. Una corazonada es una hipótesis basada en la intuición. La sensación puede abarcar desde una de tipo estético (casi una cuestión de gusto) a un juicio definido.

- Tengo la sensación de que a la hora de la verdad se echará atrás.
- Tengo la sensación de que este billete de autobús y esa bicicleta son las pistas decisivas en este caso de asesinato.

- Tengo la sensación de que ésa no es la teoría correcta. Es demasiado complicada.

Los científicos de éxito, los emprendedores de éxito y los generales de éxito parecen compartir esa «sensación» para las situaciones. En el caso de un emprendedor, decimos que «huele el dinero», lo cual significa que los beneficios no son lo suficientemente obvios para que los vea todo el mundo, sino que sólo el emprendedor con un sentido del olfato especialmente desarrollado puede detectarlos.

La intuición no es infalible. En el juego, la intuición lleva a muchos errores. Si el rojo sale ocho veces en una serie de la ruleta, la intuición sugiere que el siguiente será el negro. Sin embargo, las posibilidades siguen siendo exactamente las mismas para los dos colores. La mesa de juego no tiene memoria. Por tanto, ¿cómo manejamos la intuición y las sensaciones?

En primer lugar, las legitimamos con el sombrero rojo.

El sombrero rojo nos permite preguntar acerca de sentimientos y expresarlos como una parte más del pensamiento. Tal vez las emociones y la intuición deberían tener sombreros separados, pero eso no haría más que complicar las cosas. Creo que es posible tratarlas juntas bajo el título de «sentimientos», aunque su naturaleza sea distinta.

Podemos intentar analizar las razones de un juicio intuitivo, pero es poco probable que nos salga bien. Si somos incapaces de explicar las razones, ¿debemos confiar en el juicio?

Sería muy arriesgado realizar una inversión importante basándose en una corazonada. Lo mejor es tratar la intuición como una parte más del mapa.

La intuición se puede tratar como trataríamos a un consejero. Si en el pasado hemos confiado en él, resulta probable que prestemos más atención a los consejos que nos ofrezca. Si la intuición ha acertado en muchas ocasiones, es muy posible que nos sintamos más inclinados a escucharla.

- Todas las razones apuntan en contra de bajar el precio, pero mi intuición me dice que es el único modo de recuperar la cuota de mercado.

El agente inmobiliario experimentado desarrolla el sentido de la oportunidad. Su experiencia acumulada se expresa a modo de intuición que le dice qué tratos debe hacer y cuáles le conviene dejar pasar. Esa intuición ejercitada en el campo de la inmobiliaria puede resultar muy valiosa porque deriva de la experiencia. Sin embargo, la intuición de ese hombre aplicada a los resultados de unas elecciones presidenciales podría no ser tan valiosa.

La intuición también se puede tratar sobre la base del «gana algo y pierde algo». La intuición no siempre acierta, pero si lo ha hecho más veces de las que no ha dado en el clavo, el resultado será positivo.

Sería peligroso atribuir a la intuición la infalibilidad de un oráculo. No obstante, forma parte del pensamiento. Está ahí. Es real. Y puede ayudar.

- ¿Puedes explicar cuál es tu intuición con el sombrero rojo sobre esta fusión?
- Mi sensación de sombrero rojo es que los precios de los pisos se van a disparar de nuevo muy pronto.
- Dime tu opinión de sombrero rojo sobre esta nueva campaña publicitaria, por favor.
- Mi sombrero rojo me dice que esta oferta no va a ser aceptada.

¿En qué punto confluyen la intuición y la opinión? Hemos visto que el sombrero de pensar blanco no permite la expresión de opiniones propias (aunque sí la exposición de opiniones ajenas). Se debe a que la opinión se basa en juicios, interpretaciones e intuiciones. La balanza puede inclinarse del lado del juicio de hechos conocidos o del lado de sentimientos basados en factores desconocidos. Las opiniones se pueden expresar con los sombreros rojo, negro y amarillo. Cuando se utiliza el sombrero rojo, es mejor expresar una opinión como una sensación-sentimiento.

- Tengo la sensación de que el aburrimiento es responsable de una gran parte de la delincuencia juvenil.
- Tengo la impresión de que la taquilla del cine requiere que algunos programas se promocionen por todo lo alto.

13

PENSAMIENTO DE SOMBRERO ROJO

De vez en cuando

Reaccionar y disgustarse.
Esto es lo que siento acerca de esta reunión.
Mostrar u ocultar los sentimientos.

Los sentimientos de sombrero rojo se pueden mostrar en cualquier momento durante una reunión, una discusión o una conversación. Los sentimientos se pueden referir a la propia reunión, no sólo al tema objeto de la discusión.

- Voy a tomar mi sombrero de pensar rojo y a decir todo lo que no me gusta de cómo está transcurriendo esta reunión.
- Quiero decir algo con el sombrero rojo. Siento que nos están intimidando para que aceptemos un acuerdo que no queremos.
- Señor Hooper, mi opinión con el sombrero rojo es que usted nunca escucha a nadie.
- He dicho lo que quería decir y ahora voy a quitarme el sombrero rojo.

Teniendo en cuenta el flujo natural de emociones que tiene lugar durante una reunión, la convención del sombrero rojo puede parecer artificial e innecesaria. ¿Realmente tienes que «ponerte» el sombrero rojo para mostrar tu enfado? ¿No se pueden expresar las emociones por medio de miradas y del tono de voz?

Esta *artificialidad* no es exactamente el verdadero valor del sombrero rojo. En general, las emociones tardan un tiempo en brotar y todavía más en desaparecer. Hay resentimiento y enfado. Se ofende y se es ofendido. En cierto sentido, el sombrero rojo permite entrar y salir del «modo» emoción en cuestión de segundos. Te pones el sombrero rojo y te lo quitas. Los puntos de vista expresados con el sombrero rojo son menos personales que los que se expresan sin él porque se reconocen como expresiones formales.

La propia necesidad de «ponerse» el sombrero rojo reduce las discusiones. Nadie puede molestarse en ponerse el sombrero rojo cada vez que piense que le han hecho un desprecio. Una vez establecido el lenguaje del sombrero rojo, plantear puntos de vista emocionales sin su formalidad parece grosero.

Dado que el sombrero rojo proporciona un canal definido para los sentimientos y las emociones, desaparece la necesidad de inmiscuirse a cada momento. Todo el que sienta la necesidad de ser emocional dispone de un modo claro de hacerlo.

Ya no es necesario intentar adivinar los sentimientos de los demás. Disponemos de un medio para preguntar directamente por ellos.

- Quiero que te pongas el sombrero rojo y me digas qué piensas de mi propuesta.
- Sospecho que no te caigo bien. Quiero una respuesta de sombrero rojo.

A las personas enamoradas les gusta escuchar palabras bonitas de labios de sus parejas aunque no tengan dudas sobre su amor.

- Cambiando al sombrero rojo, quiero decir que me gusta mucho cómo está transcurriendo esta reunión. ¿Es la impresión general?
- Tengo la sensación de que todos queremos que este acuerdo se firme y llegue a buen puerto. Señor Morrison, ¿puede darme su opinión con el sombrero rojo?

Conviene no exagerar o abusar del lenguaje de sombrero rojo hasta el absurdo. Resulta innecesario adoptar formalmente ese lenguaje cada vez que se expresa un sentimiento. Se emplea sólo para expresar sentimientos o para pedir de manera definida y formal que alguien exponga los suyos.

- Si hace más comentarios de sombrero rojo, lo pondré fuera de su alcance.

• Plantee solamente una idea general con sombrero rojo, y después lo dejamos. ¿Qué opina sobre este tema?

• Sólo quiero una oportunidad para plantear una idea con el sombrero rojo. Después me lo quitaré y no volveré a utilizarlo.

14

PENSAMIENTO DE SOMBRERO ROJO

El uso de las emociones

¿El pensamiento puede cambiar las emociones?
El fondo emocional.
Emociones como posiciones de negociación.
Emociones, valores y elecciones.

Una vez que las emociones se destapan por medio del sombrero rojo, se puede realizar el intento de explorarlas o incluso cambiarlas. Esta operación ya no forma parte del lenguaje del sombrero rojo.

El pensamiento puede cambiar las emociones. No es la parte lógica del pensamiento la que cambia las emociones, sino la perceptual. Si vemos algo de manera distinta, nuestras emociones pueden modificarse con esa percepción alterada.

- No lo consideres una derrota. Míralo como un poderoso medio de averiguar los puntos débiles y fuertes de su manera de jugar al tenis.
- ¿Sería aceptable esta oferta si se plantease como una iniciativa vuestra?

- Tómalo como una experiencia de aprendizaje esencial y no como un error de juicio. Aprender siempre resulta caro. No tendremos que pasar por lo mismo otra vez.

No siempre es posible plantear percepciones que puedan cambiar emociones o hacer que se evaporen. Pero sí merece la pena intentarlo.

El hecho de expresar las emociones puede proporcionar el telón de fondo del pensamiento o de la discusión. La conciencia de ese fondo emocional es constante. Las decisiones y los planes se adoptan teniendo en cuenta ese fondo. De vez en cuando resulta útil imaginar un fondo emocional distinto y ver en qué cambiarían las cosas.

- Todos sabemos que estas negociaciones se están produciendo sobre un fondo de desconfianza extrema. Vamos a intentar imaginar qué pensaríamos si cada una de las partes confiase en la otra.
- Existe la sensación de que lo que decidamos aquí no va a servir de mucho. Los acontecimientos controlan la situación. Vamos a imaginar que no es así y que tenemos el control en nuestras manos.
- Tenemos que ser conscientes del fondo de ira que domina esta reunión. No podemos ignorarlo.

Como ya he indicado antes, las emociones y los sentimientos forman parte del trazado del mapa. Mediante la convención del sombrero rojo podemos conocer esas «regiones» con un marcado tono emocional. En la adopción de soluciones a las disputas podemos mantenernos alejados de esas zonas.

- La proposición de restricciones en tu trabajo para empresas de la competencia es, obviamente, un punto delicado. De momento, lo dejaremos al margen.
- La ejecutiva del sindicato nunca va a mostrarse de acuerdo en nada que tenga que ver con recortes salariales. Lo ha dejado muy claro.

Las emociones se utilizan con frecuencia para establecer posiciones de negociación. No me refiero a enfados, amenazas, chantajes o peticiones de piedad. Estoy hablando del valor emocional que se otorga a determinadas cuestiones. El principio del valor variable se encuentra en la base de la negociación. Una cuestión tiene un valor para una de las partes y otro valor distinto para la parte contraria. Estos valores se pueden expresar directamente por medio del sombrero rojo.

- La posibilidad de cruzar las líneas de delimitación de atribuciones del sindicato es muy importante para nuestra productividad.
- Debemos insistir en que hay que seguir los procedimientos disciplinarios correctos. No estamos diciendo que Jones es inocente, pero hay que seguir los procedimientos.

En general, todos estamos de acuerdo en que el propósito último de cualquier pensamiento debe ser la satisfacción del pensador. Así, la finalidad del pensamiento consiste en satisfacer las emociones expresadas.

En este punto surgen tres dificultades. ¿La acción propuesta realmente satisface los deseos expresados?

- No creo que bajar los precios vaya a provocar un aumento de las ventas.

La segunda fuente de dificultad aparece cuando la satisfacción de los deseos de una de las partes se produce a expensas de la otra.

- Podemos aumentar las horas extra o contratar a más personal. La primera solución beneficiaría a los que ya están trabajando. La segunda beneficiaría a unos cuantos desempleados.

La tercera fuente de dificultad es el conflicto entre la satisfacción a corto y a largo plazo. Un principio básico de la religión cristiana plantea este punto con absoluta claridad: ¿En qué se beneficia un hombre si gana el mundo entero pero pierde su alma?

- Podemos aumentar la tarifa de anuncios y obtener más ingresos de forma inmediata. Sin embargo, a largo plazo empujaríamos a los anunciantes a utilizar otros medios.

- Si bajamos el precio para atraer a consumidores de otras líneas aéreas, es posible que obtengamos una ventaja pasajera. Después, la competencia igualará los precios y podríamos volver a perder a esos clientes. El descenso de la rentabilidad no desaparecería.
- Me encantaría comerme este plato de patatas fritas, pero eso no va a ayudarme con mis problemas de peso.
- Voy a invertir dinero en esta obra porque me gusta Nerida, que interpreta el papel protagonista, y quiero verla en más trabajos.
- Quiero que vean que tengo intención de apoyar nuevas aventuras tecnológicas interesantes, pero sé que a largo plazo lo que quieren mis inversores es un crecimiento continuado.

Las emociones forman parte del método de pensamiento y de la cuestión sobre la que se piensa. No sirve de nada esperar que desaparezcan y dejen el terreno despejado para el pensamiento puro.

15

PENSAMIENTO DE SOMBRERO ROJO

El lenguaje de las emociones

Las emociones no tienen que ser lógicas o consistentes.
Las emociones pueden ajustarse a un lenguaje adecuado.
Resiste la tentación de justificar las emociones.

Lo más difícil de llevar el sombrero de pensar rojo es resistirse a la tentación de justificar una emoción expresada. Esa justificación puede ser verdadera o falsa. En ambos casos, el pensamiento de sombrero rojo la hace innecesaria.

- No importa por qué desconfías de él. Desconfías y punto.
- Te gusta la idea de una oficina en Nueva York. No hay necesidad de detallar las razones por las que te gusta la idea. Eso lo podemos dejar para más tarde, cuando estemos más cerca de tomar una decisión.

De pequeños nos educan para que nos disculpemos por las emociones y los sentimientos porque no pertenecen al terreno del pensamiento lógico. Por eso tendemos a tratarlos como una extensión de la lógica. Si alguien nos cae mal, tiene que existir una buena razón. Si nos gusta un proyecto, tiene que basarse en la lógica. El pensamiento de sombrero rojo nos libera de estas obligaciones.

¿Significa esto que somos libres para tener todos los prejuicios que queramos? ¿No implica eso un gran peligro? Todo lo contrario. Puede haber más peligro en los prejuicios aparentemente fundados en la lógica que en aquellos que se reconocen como emociones.

No me opongo a la exploración de las emociones y de sus fundamentos, pero eso no forma parte del lenguaje del sombrero rojo.

Las emociones son inconstantes y, a menudo, contradictorias. En un cuestionario realizado entre la población norteamericana, se preguntaba si estaban a favor de las relaciones con América Central. La mayoría se decantó por el sí. Sin embargo, se produjo una mayoría contra todos los métodos sugeridos para entablar esas relaciones. Es posible estar a favor de las relaciones en abstracto, pero en contra cuando se formulan en términos concretos. Desde un punto de vista lógico, parece no tener sentido, pero en el mundo de las emociones sí tiene sentido.

La convención del sombrero rojo no tiene el objetivo de pregonar las emociones a los cuatro vientos, aunque algunas personas pueden sentirse tentadas de utilizarla con ese fin. Se parece más a un espejo que refleja las emociones en toda su complejidad.

Se dice que los inuit (esquimales) tienen treinta palabras para referirse a la nieve. Existen culturas que poseen una cifra de vocablos similar para los diversos matices del amor. El inglés y numerosas lenguas europeas carecen de una gama amplia de palabras de uso común referidas a las emociones. Por ejemplo me gusta/no me gusta, odio/amo, satisfecho/insatisfecho, feliz/infeliz... También, podríamos utilizar una palabra para indicar indeciso-positivo y otra para indeciso-negativo. El término *desconfiado* es bastante negativo.

Dado que el sombrero rojo nos permite ser audaces y abiertos con nuestros sentimientos, podemos intentar ajustar esos sentimientos a la situación. Sin el sombrero rojo, tendemos a limitarnos a las palabras más contundentes reforzadas con el tono y la expresión del rostro.

- Siento tu indecisión en este asunto. No quieres entrar, pero tampoco quieres quedarte fuera. Quieres permanecer «de guardia» en una antecámara, a punto para salir cuando te convenga.
- Morgan no te cae mal, pero te sientes incómodo en su presencia. Te encantaría tener una buena excusa para que te caiga mal.
- Sencillamente, no conectamos en este asunto.
- Percibo un ambiente de desencanto sobre esta empresa. No es una pérdida de entusiasmo, sino algo más parecido a una fuga muy lenta en un bote neumático. No se ve

que está ocurriendo algo, pero cuando vuelves a mirar después de un rato, resulta evidente que está más flojo que antes.

El sombrero rojo brinda al pensador la libertad de ser un poeta con sus propios sentimientos y ofrece a los sentimientos el derecho a hacerse visibles.

16

RESUMEN DEL PENSAMIENTO DE SOMBRERO ROJO

El sombrero rojo permite decir a su portador: «Así es como me siento sobre esta cuestión».

El sombrero rojo legitima las emociones y los sentimientos como partes importantes del pensamiento.

El sombrero rojo hace que los sentimientos sean visibles para que puedan convertirse en parte del mapa de pensamiento y del sistema de valores que elige la ruta en ese mapa.

El sombrero rojo proporciona un método adecuado para que el pensador pueda salir y entrar en el «modo» de los sentimientos de una manera que no es posible sin esa herramienta.

El sombrero rojo permite al pensador explorar los sentimientos de los demás porque puede pedirles su opinión de sombrero rojo.

Cuando un pensador utiliza el sombrero rojo, *nunca* debe producirse el más mínimo intento de justificar los sentimientos o proporcionar una base lógica de los mismos.

El sombrero rojo abarca dos tipos generales de sentimientos. En primer lugar están las emociones normales, como el temor, el desagrado o sentimientos más sutiles como la desconfianza. En segundo lugar se agrupan los juicios complejos que participan en sentimientos como las corazonadas, la intuición, las sensaciones, el gusto, el sentido estético y otros tipos de sentimientos difíciles de justificar. Cuando una opinión tiene una gran parte de este tipo de sentimientos, también puede encajar en el sombrero rojo.

EL SOMBRERO NEGRO

El sombrero negro es el más utilizado de todos, y tal vez el más importante. Es el sombrero de la precaución. El sombrero negro es para ser cuidadoso. Nos impide hacer cosas ilegales, peligrosas, inútiles, contaminantes, etc.

El sombrero negro es el sombrero de la supervivencia. Los animales tienen que aprender a distinguir qué bayas son venenosas y a descifrar las señales de peligro de un depredador. Para sobrevivir, necesitamos ser precavidos. Tenemos que saber qué debemos evitar. Necesitamos identificar qué es lo que no va a funcionar. Así es como sobrevivimos. Un simple error puede quitarnos de en medio, por muy creativos que seamos.

El sombrero negro constituye la base de la civilización occidental porque es la base del pensamiento crítico. La base de la discusión tradicional consiste en señalar que algo es contradictorio o inconsistente. El sombrero negro indica si algo no encaja en nuestros recursos, política, estrategia, ética, valores, etc.

El sombrero negro se basa en un mecanismo natural de la mente: el de la «inadecuación». El cerebro forma modelos de expectativas: el mundo es así. Si tropezamos con algo que no encaja con esos modelos existentes, nos sentimos muy incómodos. Este mecanismo natural garantiza que no cometamos errores.

La comida es excelente. Resulta esencial para la vida. Sin embargo, en exceso puede provocar sobrepeso y problemas de salud. No es culpa de la comida, sino de la ingesta abusiva.

Del mismo modo, hay personas que abusan del sombrero negro e invierten todo su tiempo en buscar errores. El error no está en el sombrero negro sino en el abuso o el mal uso del mismo.

Uno de los grandes valores del método de los seis sombreros es que se asigna un tiempo en el que todos pueden mostrarse tan precavidos, cuidadosos y críticos como puedan. Agotado ese tiempo, no se permite ser crítico.

La experiencia demuestra que las personas cautas por naturaleza y que han formado su reputación a base de ser críticas reciben de muy buen grado el método de los seis sombreros. El sombrero negro les permite utilizar sus habilidades críticas en toda su extensión. Cuando se cambia a otro sombrero, el pensador recibe permiso para dejar de ser precavido. En muchos casos, los pensadores precavidos se sorprenden de su propia creatividad con el sombrero verde.

17

EL SOMBRERO NEGRO

Juicio y cautela

Cuando algo no encaja en nuestra experiencia.
Por qué algo puede no funcionar.
Señalar las dificultades y los problemas.
Mantenerse dentro de la legalidad.
Fidelidad a los valores y a la ética.

El sombrero negro es el sombrero «natural» de la tradición de pensamiento occidental. Con el sombrero negro señalamos lo que está mal, lo que no encaja y lo que no va a funcionar. Nos protege de malgastar el dinero y las energías, de hacer estupideces y de quebrantar la ley.

El pensamiento de sombrero negro siempre es lógico. La crítica siempre debe apoyarse en una base lógica. Si un comentario es puramente emocional, recae en el sombrero rojo, no en el negro.

- No me gusta la idea de bajar los precios.
- Eso es pensamiento de sombrero rojo. Quiero que me transmitas tu opinión con el sombrero negro. Quiero tus razones lógicas.

- Muy bien. Según nuestra experiencia pasada, que puedo plantear en forma de cifras de ventas, el hecho de bajar los precios no ha ido acompañado de las ventas suficientes para equilibrar la reducción del margen de beneficios. Además, nuestros competidores acostumbran a bajar los precios para igualarse a la competencia.

Las razones del sombrero negro tienen que ser capaces de sostenerse por sí solas. Deben tener sentido y ser razonables en frío, no sólo cuando las plantea una persona persuasiva.

El pensamiento de sombrero negro no es equilibrado. Con el sombrero negro, el cerebro se sensibiliza para buscar posibles peligros, problemas y obstáculos. Se concentra en por qué algo puede no funcionar o no ser lo que conviene hacer. El otro lado se presenta con el sombrero amarillo.

Se ha sugerido que debería existir un único sombrero llamado *juicio*. Con él, el pensador estudiaría los pros y los contras de una situación o solución. Aunque puede funcionar en filosofía, no ocurre así en la práctica. El cerebro es capaz de sensibilizarse en sólo una dirección cada vez.

La especificidad del sombrero negro evita al pensador la necesidad de ser justo y ver los dos lados de la cuestión al mismo tiempo. El sombrero negro anima al pensador a ser lo más precavido posible. En el caso del sombrero amarillo, el portador busca beneficios. No se pueden hacer las dos cosas de manera efectiva a la vez.

Como ocurre con los demás sombreros, los comentarios con el sombrero negro siempre dependen de un contexto determinado: «Este coche sólo puede alcanzar 80 kilómetros por hora».

¿Qué tipo de comentario es éste?

Podría ser un comentario con el sombrero blanco porque es una afirmación de un hecho, sin más.

También podría ser un comentario con el sombrero negro. En general, esperamos que los coches alcancen velocidades superiores a ésa. En un sentido específico, si tenemos prisa por llegar a algún sitio, será una observación con sombrero negro.

No obstante, pueden darse circunstancias en las que el comentario corresponda al sombrero amarillo. Podría tratarse del primer coche de un joven que acaba de estrenar el permiso de conducir. El hecho de que el vehículo circule a un máximo de 80 kilómetros por hora podría suponer una ventaja, ya que se reduciría el riesgo de sufrir un accidente grave.

El sombrero negro legitima el valor y la importancia de la cautela.

- Me parece que esta idea es muy atractiva. Hemos considerado todos los beneficios. No creo que necesitemos el pensamiento de sombrero negro. Necesitamos saber los peligros y las dificultades potenciales. ¿Cuál es el inconveniente?
- Tenemos que ser conscientes de los posibles peligros para estar atentos. Necesitamos algunas ideas de sombrero negro.

- Estoy a favor de elegir a Peter para este puesto, pero antes convendría plantear algunas ideas con el sombrero negro.
- Las ventas han aumentado de manera espectacular después de la campaña publicitaria. ¿Tenemos que ser precavidos en algo? Vamos a exponer algunas ideas con el sombrero negro.
- A los dos nos gusta mucho esta casa. Esto es pensamiento de sombrero rojo. Vamos a probar un momento con el sombrero negro.

El sombrero negro otorga el lugar adecuado al pensamiento cauteloso. Al apoyar y legitimar la precaución, el sombrero negro también indica que se trata de un modo más de pensamiento. Conviene utilizarlo de manera correcta y eficaz.

Para obtener el máximo beneficio de cualquier sugerencia o idea, es importante que el sombrero negro se trabaje a fondo. Resulta útil en la valoración de una idea y en la planificación de esa idea.

En su papel de valoración, el sombrero negro ayuda a decidir si seguir adelante con una idea o abandonarla. La decisión final se basa en una combinación de sombrero blanco (hechos), amarillo (beneficios), negro (precaución) y rojo (intuición y sentimiento).

En su papel de «planificación», el sombrero negro señala los puntos débiles de una idea para poder solucionarlos.

• Parece una idea excelente. Vamos a hacer un gran esfuerzo con el sombrero negro para averiguar los puntos débiles y poder hacer algo con ellos ahora mismo, en la fase de planificación, en lugar de descubrirlos más tarde.

• Hemos decidido esta línea de acción. Tenemos que plantear todos los problemas, obstáculos y dificultades potenciales para poder planificar cómo superarlos. Así que necesitamos el sombrero negro.

18

PENSAMIENTO DE SOMBRERO NEGRO

Contenido y proceso

Señalar los errores de pensamiento.
Cuestionar la fuerza de la evidencia.
¿Es correcta la conclusión?
¿Es la única conclusión posible?

Una buena parte de las discusiones tradicionales occidentales consiste en atacar el proceso mismo de la discusión: si el proceso es incorrecto, la conclusión no puede ser correcta. De hecho, la conclusión puede ser correcta, pero sin haberse demostrado que es así.

Dado que el método de los seis sombreros es tan distinto a cualquier discusión, no hay necesidad de discutir el proceso en detalle. No obstante, con el sombrero negro es posible señalar las deficiencias del propio proceso de pensamiento.

- Ese comentario tuyo es una asunción, no un hecho.

- Tu conclusión no guarda relación con lo que nos has estado explicando.
- Esas cifras no son las que aportaste la última vez.
- Esa es sólo una explicación posible, pero ni mucho menos la única.

El valor del método se vendría abajo si alguien tuviese permiso para interrumpir la reunión en cualquier punto con este tipo de comentarios. Volveríamos a las limitaciones del modo discusión. Por tanto, el pensador debe observar y acumular los principales puntos criticables y plantearlos sólo cuando se utilice el sombrero negro.

Con el sombrero blanco, alguien plantea un conjunto de cifras de ventas. Uno de los presentes sabe que las cifras son en realidad de hace cinco años. ¿Debería esa persona interrumpir la reunión y señalar el error? Lo mejor sería organizar otro punto de sombrero blanco.

- Las cifras que he aportado son de hace cinco años. No tenemos datos actualizados.

Dado que el método de los seis sombreros es muy distinto a la discusión, no se aplican las normas que rigen los enfrentamientos. Ya no es cuestión de discutir todos los puntos, si no de llenar el terreno de posibilidades.

- Si incrementamos las sentencias de cárcel y las penas, reduciremos la delincuencia.

Parece una deducción lógica, pero podría no ser válida en la práctica. Si el riesgo de que te detengan es muy bajo, o se percibe así, el endurecimiento de las penas podría tener un efecto mínimo. También es posible que la delincuencia se torne más violenta: el criminal podría sentirse inclinado a matar a la víctima para eliminar testigos. Además, las estancias largas en la cárcel podrían convertir a delincuentes casuales en criminales curtidos por la influencia de sus compañeros.

Son sólo posibilidades. Con demasiada frecuencia, las pruebas no son más que falta de imaginación.

Si existiesen cifras reales de sombrero blanco para demostrar que el endurecimiento de las penas reduce la delincuencia a largo y a corto plazo, esas cifras serían más valiosas que la deducción aparentemente lógica.

- Es probable que aumenten los viajes porque los ingresos de las familias son más altos, los precios de los vuelos están bajando, los viajes están mejor organizados y en muchos casos hay menos niños.
- Es posible que la gente se aburra de viajar. La tecnología podría proporcionar nuevos modos de ocio en casa. Las enfermedades propias de países lejanos podrían desanimar a los turistas.

Estas posibilidades se plantean una junto a la otra, como en el pensamiento paralelo. El pensamiento paralelo organiza los puntos de vista distintos.

La deducción lógica insiste en las certezas. El método de los seis sombreros trata con posibilidades y probabilidades. En el mundo real resulta muy difícil estar seguro de algo. Las acciones deben basarse en la «probabilidad».

- En realidad, ésa es una posibilidad, pero no has demostrado que sea cierta.

Existen ocasiones en que las cosas pueden tratarse de un modo lógico y organizado de antemano. El grueso del pensamiento práctico, sin embargo, forma la base de la probabilidad.

Aunque resulta muy tentador, el sombrero negro no da permiso para regresar a la «discusión». Sí se pueden señalar los errores de procedimiento, así como las afirmaciones paralelas que expresan un punto de vista distinto. Al final debería quedar un mapa claro de los posibles problemas, obstáculos, dificultades y peligros que después se podrán aclarar y elaborar.

Con el sombrero verde se intenta superar o afrontar las dificultades sugeridas con el sombrero negro.

Para empezar, a las personas nos cuesta no lanzarnos a mostrar nuestro desacuerdo en el momento en que se expone una idea con la que no coincidimos. El que preside la reunión o el facilitador es quien debe mantener la disciplina del sombrero.

19

PENSAMIENTO DE SOMBRERO NEGRO

Pasado y futuro

¿Qué puede ocurrir en el futuro?
¿Coincide con experiencias del pasado?
¿Cuáles son los riesgos?

Una función muy importante del sombrero negro es la valoración de los riesgos. Todas las acciones propuestas se van a llevar a cabo en el futuro. Se trata de una diferencia muy importante entre el pensamiento «académico» y el pensamiento «del mundo real». En el pensamiento académico basta con describir, analizar y ofrecer explicaciones. En el mundo real existe el elemento acción (que en ocasiones denomino *operancia*).

¿Qué ocurrirá si emprendemos esta acción?
¿Será aceptable?
¿Disponemos de los recursos para llevarla a cabo?
¿Cómo reaccionará la gente?
¿Cómo reaccionará la competencia?

¿Qué puede ir mal?
¿Cuáles son los problemas potenciales?
¿Continuará siendo rentable?

Tenemos que basar las especulaciones sobre el futuro en nuestra propia experiencia y en la de los demás.

- En épocas de inflación, la gente ahorra más.
- En épocas de inflación, la gente ahorra menos.

Ambas afirmaciones son correctas. Cuando existe una historia pasada de inflación, la gente ahorra menos porque sabe que el dinero pierde valor. Si no existe tal historia, la gente puede empezar a ahorrar más porque cree que necesita más dinero. En el caso de un nivel elevado de sofisticación económica, la gente puede optar por pedir préstamos en lugar de ahorrar porque el interés final podría ser negativo.

- Después de veinte años en el negocio de los cosméticos, quiero decir que según mi experiencia no puedes tener la misma marca para los productos de primera y los económicos. No funcionará.
- En la industria hotelera, el mismo producto básico puede tener marcas diferentes y precios muy distintos. Y ha dado buen resultado.

Estos dos puntos de vista se basan en experiencias. Uno se plantearía con el sombrero negro y el otro con el amarillo. En la práctica, el comentario del sombrero amarillo también podría plantearse con el sombrero negro como un reto a la afirmación de los cosméticos: «Eso no es necesariamente cierto porque en la industria hotelera...».

Al mirar hacia el futuro y utilizar las lecciones del pasado, la cuestión es siempre si la lección elegida es relevante. ¿Las circunstancias son las mismas?

- Esa política de marcas puede ser cierta para los hoteles, donde no se experimenta directamente con dos productos a la vez. En cambio, podría no ser cierta en el caso de unos cereales para el desayuno.

Un modo de plantear comentarios con el sombrero negro consiste en empezar así: «Veo el peligro de ... ».

- Veo el peligro de que la competencia iguale nuestros precios más bajos.
- Veo el peligro de un exceso de producción de leche.
- Veo el peligro de que una nueva empresa ofrezca seguros baratos.
- Veo el peligro de poner un precio demasiado alto a nuestros vinos porque muchos países de todo el mundo producen hoy vinos excelentes.

20

PENSAMIENTO DE SOMBRERO NEGRO

El problema del abuso

Es fácil ser crítico.
Algunas personas disfrutan sólo siendo críticas.
La necesidad de colaborar.

Como ya he indicado, el sombrero negro es un sombrero excelente. Sin embargo, como ocurre con muchas cosas excelentes, se puede caer en el abuso. La pasta es un alimento excelente, pero si la tomas todos los días en cada comida, puedes acabar aborreciéndola.

Resulta mucho más sencillo ser crítico que constructivo. Es difícil diseñar una silla. Es mucho más fácil criticar una silla. Si la silla es sencilla, la criticas por ser anticuada o aburrida. Si es una pieza elaborada, la criticas por vulgar o pretenciosa. Todo es criticable (si se tiene tendencia a ello): basta con elegir deliberadamente un concepto distinto al que se presenta.

Existen personas que basan su autosuficiencia y su autoimagen en su disposición a criticar. En una reunión, la gente quiere implicarse, hacerse ver, participar… y la forma más sencilla de colaborar es la del «Sí, pero…». Si un 95 % de una idea planteada es excelente, la tendencia lleva a fijarse en ese 5 % restante, lo cual resulta útil en la fase de planificación porque ese fallo se puede corregir. Ya no es tan útil en la fase de valoración, cuando toca reconocer el 95 % excelente.

El abuso del sombrero negro no es útil. En ocasiones lo provoca el ego. Una persona que es incapaz de realizar otro tipo de comentarios se limita únicamente a las observaciones críticas. En la mayoría de los casos se trata de un hábito. En el hábito de la discusión sí está permitido realizar comentarios negativos en cualquier momento.

Cuando las personas se acostumbran al marco de los seis sombreros, prescinden del modo de la «cautela permanente». Se desenvuelven bien con el sombrero negro, pero también con el amarillo y el verde. Reciben de buen grado la oportunidad de mostrar sus capacidades en más modos.

Resulta importante reconocer la excelencia y la importancia del sombrero negro y evitar su abuso.

21

RESUMEN DEL PENSAMIENTO DE SOMBRERO NEGRO

El pensamiento de sombrero negro se relaciona con la cautela. En un momento u otro tenemos que considerar los riesgos, los peligros, los obstáculos, los problemas potenciales y los inconvenientes de una sugerencia. Sería extremadamente imprudente seguir adelante con cualquier idea que se exponga a menos que se considere a fondo el elemento «cautela». El sombrero negro ayuda a ser precavido, a evitar peligros y dificultades. Señala las cuestiones a las que hay que prestar atención porque pueden ser delicadas o perjudiciales. El sombrero negro nos dirige a los puntos que necesitan nuestra atención.

El sombrero negro se puede utilizar como parte de una valoración: ¿debemos seguir adelante con esta sugerencia?

También se utiliza en el proceso de diseño: ¿cuáles son los puntos débiles que debemos superar?

El sombrero negro trata de plantear los riesgos y los problemas potenciales en el futuro: ¿qué podría ir mal si ponemos en práctica esta sugerencia?

El sombrero negro guarda una estrecha relación con la idea de «encajar». ¿Encaja esta sugerencia con nuestras experiencias pasadas? ¿Con nuestra política y nuestra estrategia? ¿Con nuestra ética y nuestros valores? ¿Con nuestros recursos? ¿Con los hechos conocidos y las experiencias de otros?

Con el sombrero negro nos concentramos directamente en los aspectos relacionados con la «cautela». Es la base de la supervivencia, del éxito y de la civilización.

El pensamiento de sombrero negro puede señalar errores de procedimiento en el propio pensamiento. Sin embargo, no es una discusión y no debe permitirse que degenere en una. El propósito del pensamiento de sombrero negro consiste en situar en el mapa los puntos de cautela.

Se puede abusar del pensamiento de sombrero negro si es el único modo de pensamiento. El abuso no disminuye el valor del sombrero negro, del mismo modo que conducir un coche de manera peligrosa y temeraria no significa que los coches sean peligrosos.

EL SOMBRERO AMARILLO

Piensa en el sol. Piensa en el optimismo. Con el sombrero amarillo, el pensador se dispone a buscar los posibles beneficios de una sugerencia. Intenta ver cómo sería posible poner la idea en práctica.

El sombrero amarillo resulta más difícil de llevar que el negro. En el cerebro existe un mecanismo natural que nos ayuda a evitar el peligro. Sin embargo, no existe un mecanismo parecido para el sombrero amarillo. Por esta razón, a la mayoría de las personas se les da mucho mejor utilizar el sombrero negro que el amarillo.

Necesitamos desarrollar la «sensibilidad hacia el valor», que significa ser tan sensibles al valor como ya lo somos al peligro. Se trata de un hábito que hay que aprender. He asistido a numerosas reuniones creativas en las que se generan ideas excelentes. Por desgracia, los presentes no ven el valor de sus propias ideas. Es una pérdida de tiempo disponerse a ser creativo si no se va a poder identificar una buena idea. Por eso es tan importante desarrollar la sensibilidad hacia el valor.

El sombrero amarillo posee un gran valor porque obliga a las personas a invertir tiempo en buscar el valor. En ocasiones, el sombrero amarillo depara grandes sorpresas. Algo que no parecía muy interesante adquiere de pronto un gran valor. Incluso en las ideas menos atractivas se puede descubrir algún valor; sólo hay que buscar con mucha atención.

El sombrero amarillo debe tener una base lógica. Tiene que existir alguna razón para plantear el valor de una idea. El sombrero amarillo es un sombrero de juicio, no se basa en la fantasía. ¿Cuáles son los valores? ¿Para quién? ¿En qué circunstancias? ¿Cómo se expresan los valores? ¿Qué otros valores hay?

22

EL SOMBRERO AMARILLO

Especulativo-positivo

Pensamiento positivo.
Amarillo del sol y la luz.
Optimismo.
Atención a los beneficios.
Pensamiento constructivo y hacer que las cosas ocurran.

Ser positivo es una elección. Podemos decidir ver las cosas de manera positiva. Podemos optar por centrarnos en los aspectos positivos de una situación. Podemos buscar los beneficios.

El pensamiento negativo puede protegernos de los errores, de los riesgos y del peligro. El pensamiento positivo tiene que estar compuesto por una mezcla de curiosidad, placer, avaricia y deseo de «hacer que las cosas ocurran». Podría argumentarse que el progreso del hombre depende de su deseo de hacer que las cosas ocurran. En mi libro sobre el éxito, *Tácticas: arte y ciencia del éxito*, lo que caracteriza a las personas de éxito es su enorme deseo de hacer que las cosas ocurran.

He añadido al sombrero amarillo el subtítulo de «especulativo-positivo» porque con cualquier plan o acción miramos hacia el futuro. Ahí es donde va a llevarse a cabo la acción o el plan que emprendamos. Nunca podremos estar tan seguros del futuro como lo estamos del pasado, y por eso tenemos que especular sobre lo que puede ocurrir. Cuando decidimos hacer algo, es porque merece la pena. Nuestra apreciación de ese valor es la que aporta el aspecto «positivo» del binomio «especulativo-positivo».

Incluso cuando revisamos algo que ha sucedido, podemos decidir centrarnos en los aspectos positivos o extraer una interpretación positiva.

- La parte positiva es que ahora sabemos cómo va a actuar. Se acabó la incertidumbre.
- Vamos a ponernos el sombrero amarillo y a mirar los aspectos positivos. Kodak ha decidido entrar en el mercado de las cámaras instantáneas, así que tendrá que anunciar sus productos. Eso aumentará la información del público sobre los beneficios de la fotografía instantánea, lo cual debería favorecer a nuestras ventas (sobre todo si el público percibe que nuestro producto es mejor).
- Suspender el examen fue lo mejor que le podía haber pasado. No habría sido feliz trabajando de profesora.

Para algunas personas, ser positivo es un estado mental natural. La mayoría de las personas se muestran positivas cuando plantean una idea propia y ante una idea ajena que les pueda beneficiar. El interés personal constituye una poderosa base del pensamiento positivo. El sombrero amarillo no tiene que esperar esas motivaciones. Es una herramienta que el pensador decide utilizar. El aspecto positivo no es el resultado de ver el mérito de la idea, sino que la precede. El sombrero amarillo va primero. El pensador se pone el sombrero amarillo y después sigue sus *requerimientos* para ser positivo y optimista.

En la analogía de las impresoras que he utilizado con anterioridad, el sombrero amarillo aporta el color amarillo, del mismo modo que el rojo pone el color rojo.

- Antes de que hagáis otra cosa, quiero que os pongáis el sombrero amarillo y me digáis vuestra opinión sobre este nuevo enfoque.
- Habéis expuesto todas las razones por las que no os gusta la idea y por las que probablemente fracasará. Ahora quiero que os pongáis el sombrero amarillo. ¿Qué veis?
- Desde el punto de vista del sombrero amarillo, ¿veis algún beneficio en hacer este accesorio de plástico en lugar de metal? El coste sería más o menos el mismo.
- Es mía la idea de vender patatas fritas en una bolsa doble. Parece que a nadie le gusta. ¿Me dais vuestra opinión con el sombrero amarillo?
- No quiero una visión equilibrada u objetiva. Quiero una visión clara con el sombrero amarillo.
- Mi sombrero negro me dice que este nuevo encendedor barato podría perjudicar a nuestras ventas. En cambio, el sombrero amarillo me dice que el encendedor ba-

rato podría acabar con el mercado medio y obligar a algunos compradores a pasarse al mercado caro, cosa que nos beneficiaría.

- Es difícil llevar el sombrero amarillo en este momento, pero la huelga de periódicos podría hacer que la gente se dé cuenta de lo mucho que encuentra a faltar sus diarios y de que éstos son infinitamente mejores que la televisión en algunos aspectos.

Aunque el pensamiento de sombrero amarillo es positivo, requiere tanta disciplina como el blanco o el negro. No se trata únicamente de plantear una valoración positiva: es la búsqueda deliberada de lo positivo. En ocasiones, esa búsqueda es inútil.

- Llevo puesto mi sombrero amarillo, pero no encuentro nada positivo que decir.
- Me pondré el sombrero amarillo, pero no espero encontrar nada positivo.

Podría afirmarse que a menos que un aspecto positivo sea obvio, no puede merecer la pena. O que no sirve de nada devanarse los sesos para encontrar algún elemento positivo remoto que apenas tendrá valor práctico. Eso es malinterpretar la percepción. Pueden existir aspectos muy positivos que no resulten obvios a primera vista. Así funcionan los emprendedores: ven el valor de algo que los demás todavía no han visto. El valor y los beneficios no siempre son obvios.

23

PENSAMIENTO DE SOMBRERO AMARILLO

El espectro positivo

¿Cuándo es el optimismo una insensatez?
Del optimismo a la lógica.
¿Qué es el realismo?

Hay personas que piensan bien de un estafador aunque hayan sido sus víctimas. Creen que era sincero antes de que los hechos o sus colegas le decepcionasen. Recuerdan su capacidad de persuasión y cómo disfrutaron siendo persuadidos.

Existen personas inocentes que son optimistas hasta la insensatez. Hay quien *espera* realmente ganar grandes sumas en la lotería y parece basar su vida en esa esperanza. Existen industriales que al observar el amplísimo mercado de la aspirina creen que si pudiesen conseguir una parte diminuta, merecería la pena.

¿En qué punto se convierte el optimismo en insensatez y en esperanza estúpida? ¿Debería no tener límites el sombrero amarillo? ¿Debería no tener en cuenta las probabilidades? ¿Convendría dejar este tipo de cosas para el sombrero negro?

El espectro positivo abarca desde el exceso de optimismo de un extremo hasta la visión lógico-práctica del otro. Tenemos que proceder con cautela en el manejo de este espectro. La historia está llena de visiones y sueños poco prácticos que acabaron convirtiéndose en realidad. Si limitamos el pensamiento de sombrero amarillo a lo que es sólido y conocido, los progresos serán mínimos.

El punto clave consiste en observar la acción que sigue al optimismo. Si esa acción no es más que una esperanza (como la esperanza de ganar un premio de lotería o de que algún milagro permita la recuperación de un negocio), ese tipo de optimismo sería erróneo. Si el optimismo va a conducir a alguna acción en la dirección elegida, resulta más difícil. El exceso de optimismo suele llevar al fracaso, aunque no siempre es así. Los que esperan tener éxito son los que triunfan.

- Existe una posibilidad remota de que haya algún superviviente del aterrizaje forzoso sobre el glaciar. Debemos ir a mirar.
- Es posible que ese nuevo partido divida el voto de la oposición.
- Si invertimos a fondo en la promoción de esta película, podríamos tener el éxito asegurado.
- Existe la posibilidad de que sea elegido el coche del año. Debemos prepararnos para reflejarlo en la publicidad. Puede que no ocurra, pero tenemos que estar listos.

Como en el caso de los demás sombreros, el objetivo del sombrero amarillo es dar color al mapa de pensamiento. Por esta razón, las sugerencias optimistas deber tenerse en cuenta y formar parte del mapa. No hay necesidad de valorarlas en detalle antes de situarlas en el mapa. No obstante, merece la pena etiquetarlas con un cálculo aproximado de probabilidad.

Una clasificación de probabilidad sencilla podría ser la siguiente:

Comprobado.

Muy probable, basado en la experiencia y en lo que sabemos.

Bastantes posibilidades (a través de una combinación de diferentes cosas).

Cincuenta por ciento de posibilidades.

Poco probable.

Posibilidad remota o muy remota.

Esta clasificación se parece en cierto modo a la que hemos empleado para el sombrero blanco.

Podemos decidir no apoyar nunca una posibilidad muy remota, pero ésta debe figurar en el mapa. Si está en el mapa, tendremos la oportunidad de rechazarla o de intentar mejorar los inconvenientes. Si, en cambio, no se halla en el mapa, no tenemos ninguna posibilidad.

• Sé que está muy ocupado y que sus honorarios son muy altos, pero ponte en contacto con él e invítalo a inaugurar la conferencia. Puede que acepte. El no ya lo tenemos.

• Todas las chicas quieren ser actrices y muy pocas lo consiguen, de manera que las posibilidades de éxito no son muy altas. Sin embargo, algunas personas lo logran, y tú puedes intentarlo si es eso lo que quieres.

• Es poco probable que encuentres un tesoro artístico oculto en un anticuario de pueblo, aunque la mayoría de ese tipo de tesoros se hallan en lugares donde nadie espera encontrarlos.

24

PENSAMIENTO DE SOMBRERO AMARILLO

Razones y apoyo lógico

¿En qué se basa la visión positiva?
¿Por qué crees que ocurrirá de este modo?
Razones de fondo para el optimismo.

Una valoración positiva podría basarse en la experiencia, en la información disponible, en la deducción lógica, en indicios, tendencias, suposiciones y esperanzas. ¿El pensador de sombrero amarillo tiene que expresar las razones de su optimismo?

Si no se dan razones, la «buena onda» podría ubicarse con la misma eficacia en el sombrero rojo a modo de sentimiento, corazonada o intuición. El pensamiento de sombrero amarillo debería ir mucho más allá.

El pensamiento de sombrero amarillo abarca el juicio positivo. El pensador con el sombrero amarillo debe hacer todo lo posible por encontrar el mayor apoyo para el optimismo planteado. Este esfuerzo debe ser concienzudo y completo. *Sin embargo, el pensamiento de som-*

brero amarillo no tiene por qué limitarse a los puntos que se puedan justificar completamente. En otras palabras, debe hacerse un gran esfuerzo para justificar el optimismo, pero si ese esfuerzo no da buenos resultados, todavía se puede exponer la cuestión a modo de especulación.

El énfasis del pensamiento de sombrero amarillo recae en la exploración y la especulación positiva. Nos disponemos a encontrar los posibles beneficios. A continuación, intentamos justificarlos. Esta justificación es un intento de reforzar la sugerencia. Si este apoyo lógico no se realiza con el sombrero amarillo, no va a surgir con ningún otro sombrero.

- Mi pensamiento de sombrero amarillo sugiere que las tortillas francesas serían buenos productos de comida rápida. Si miro a mi alrededor en busca de razones que apoyen esta idea, podría recurrir a la preocupación por la dieta y la preferencia por alimentos ligeros. También podría decir que debido a que cada vez se toman menos huevos en el desayuno, así se incluyen en otras comidas del día.
- ¿Qué tal una gama de guantes multiusos? No sólo para mantener las manos calientes, sino también para realizar reparaciones en el coche, para comer, para las tareas domésticas... La gente ahora se preocupa más de su aspecto y del cuidado de la piel.

25

PENSAMIENTO DE SOMBRERO AMARILLO

Pensamiento constructivo

Hacer que las cosas ocurran.
Propuestas y sugerencias.

Imagina a ocho pensadores críticos brillantes reunidos para debatir sobre los posibles modos de mejorar el suministro de agua de la ciudad. Ninguna de esas mentes privilegiadas puede empezar hasta que alguien plantee una propuesta. Entonces será el momento de dar rienda suelta a toda su formación crítica. Sin embargo, ¿de dónde procede la propuesta? ¿Quién se ha formado para plantear la propuesta?

El pensamiento crítico constituye una parte muy importante del pensamiento, pero no es suficiente. Me opongo firmemente a la idea de que basta con formar mentes críticas. Es la tradición del pensamiento occidental, y resulta del todo inadecuada.

El pensamiento de sombrero negro abarca el aspecto del pensamiento crítico. En el apartado dedicado al sombrero negro he dejado muy claro que un pensador que lleve ese sombrero debe jugar ese papel hasta el final: tiene que ser lo más crítico posible. Es una parte importante del pensamiento, y conviene hacerlo bien.

El aspecto constructivo y generativo recae en el sombrero amarillo. Del pensamiento de sombrero amarillo tienen que salir las ideas, las sugerencias y las propuestas. Más adelante veremos que el sombrero verde (creatividad) también desempeña un papel importante en la creación de nuevas ideas.

El pensamiento constructivo encaja en el sombrero amarillo porque todo el pensamiento constructivo posee una actitud positiva. Las propuestas se plantean para *mejorar* algo: solucionar un problema, introducir una mejora, aprovechar una oportunidad... En cualquier caso, la propuesta está pensada para provocar un cambio positivo.

Un aspecto del pensamiento de sombrero amarillo tiene que ver con el pensamiento reactivo. Se trata de la valoración positiva, equivalente a la negativa del sombrero negro. El pensador con sombrero amarillo elige los aspectos positivos de una idea del mismo modo que el pensador con sombrero negro capta los aspectos negativos. En esta sección me estoy refiriendo a un aspecto distinto del pensamiento de sombrero amarillo: el aspecto constructivo.

- Para mejorar el suministro de agua podríamos construir una presa en el río Elkin; así tendríamos un depósito.
- Hay abundante agua en las montañas situadas a 80 kilómetros. ¿No sería viable instalar un conducto?
- Los inodoros normales utilizan alrededor de 30 litros cada vez que se descargan. Existen nuevos diseños que emplean sólo 4 litros. Con ellos se ahorrarían hasta 115 litros al día por persona, o 34 millones de litros al día.
- ¿Y qué hay del reciclaje? He oído que existen nuevos métodos de membrana que resultan más económicos. Además, se reduciría el problema de los residuos. ¿Sigo investigando?

Cada una de las anteriores es una sugerencia concreta. Cuando se pone una sugerencia sobre la mesa, es posible desarrollarla más y someterla finalmente a la valoración del sombrero negro y el sombrero amarillo.

- Poneos vuestros sombreros amarillos y plantead más propuestas concretas. Cuantas más, mejor.
- John, ¿cuál es tu sugerencia? ¿Cómo podemos abordar este problema? Ponte el sombrero amarillo.

En este punto, alguien podría señalar que las propuestas deberían venir de «expertos en agua» y que no es un tema para aficionados. El papel de éstos, con su pensamiento crítico, consistiría en evaluar las propuestas planteadas por los expertos. Se trata de un lenguaje muy político. Los técnicos están ahí para aportar las ideas y los políticos para valorarlas. De hecho, podría existir un papel para este tipo de pensamiento en política, pero deja la toma de decisiones a merced de los expertos. En otros campos, como los negocios o el pensamiento personal, el pensador es su propio experto y quien debe producir las ideas.

¿De dónde proceden las sugerencias y las propuestas? ¿Cómo encuentra una solución el pensador de sombrero amarillo?

La extensión de este libro no nos permite adentrarnos en los diferentes modos de diseño y resolución de problemas. He escrito sobre estos temas en otros libros. Las propuestas del sombrero amarillo no tienen que ser especiales o muy ingeniosas. Pueden incluir modos rutinarios de tratar estos temas, o métodos que ya han funcionado en otros campos, o la unión de varios efectos conocidos para llegar a una solución concreta.

Cuando el sombrero amarillo haya dirigido la mente del pensador hacia el planteamiento de una propuesta, ésta no será muy difícil de encontrar.

- Quitaos el sombrero negro. En lugar de valorar las propuestas que tenemos, vamos a ponernos el sombrero amarillo y a plantear más propuestas.
- Con el sombrero amarillo puesto, sugiero que permitamos que la empresa privada venda agua a precios competitivos.

- No, no estamos listos para cambiar al pensamiento de sombrero negro. No creo que hayamos agotado todas las sugerencias posibles. Sí, tenemos intención de recurrir a expertos y asesores, pero primero vamos a concretar algunas posibles direcciones. Así que, de momento, seguimos con pensamiento constructivo de sombrero amarillo.

El pensamiento de sombrero amarillo tiene que ver con la creación de propuestas y con la valoración positiva de las mismas. Entre estos dos aspectos existe un tercero: el desarrollo o «fortalecimiento» de una propuesta. Es mucho más que la valoración reactiva de una propuesta. Se acerca más a la idea de *construcción*. La propuesta se modifica, se mejora y se refuerza.

En este aspecto de mejora del pensamiento de sombrero amarillo se incluye la corrección de errores señalados por el pensamiento de sombrero negro. Como ya he mencionado, el pensamiento de sombrero negro puede reconocer los errores, pero no tiene la responsabilidad de corregirlos.

- Si cedemos el suministro de agua a la empresa privada, existe el riesgo de que la ciudad sea chantajeada por un proveedor monopolista que fije el precio que quiera.
- Podríamos protegernos de esa posibilidad poniendo un tope para el precio según el mercado actual y teniendo en cuenta la inflación.

Me gustaría hacer hincapié en que este aspecto de pensamiento constructivo del sombrero amarillo no exige un ingenio especial. Sólo hay que tener deseos de plantear propuestas concretas, aunque sean muy normales.

26

PENSAMIENTO DE SOMBRERO AMARILLO

Especulación

Mirar al futuro.
El valor del «si...».
El mejor escenario posible.

La especulación se relaciona con las conjeturas y las esperanzas. Los inversores son especuladores por naturaleza, aunque el término tiende a utilizarse únicamente para los constructores y los operadores de divisas. Un constructor especulador construye casas sin tener clientes. La búsqueda de éstos viene después.

Todo especulador debe poseer un sentido agudo de los beneficios potenciales. Y esperanzas.

El pensamiento de sombrero amarillo es algo más que juicios y propuestas. Es una actitud que avanza con esperanza positiva respecto a una situación. El pensamiento de sombrero amarillo intenta vislumbrar los posibles beneficios y valores. Cuando esto ocurre, tiene lugar una exploración en esa dirección.

En la práctica existe una gran diferencia entre el juicio objetivo y la intención de encontrar un valor positivo. Este ir más allá propio del sombrero amarillo es a lo que me refiero cuando utilizo la palabra *especulación*.

- Existe un nuevo tipo de comida rápida que está ganando popularidad. Es un filete de pollo preparado al estilo mexicano. Poneos el sombrero amarillo y decidme qué opináis.
- Hay tantos tipos distintos de seguros que la gente acaba confundida. ¿Podríamos crear algo así como un seguro «total» que tenga todo en cuenta? Llevaos esta idea y dedicadle unos minutos de sombrero amarillo. Cuando volváis, explicadme qué habéis descubierto.

Este elemento especulativo del sombrero amarillo es puro pensamiento de *oportunidades*. Va más allá de la resolución de problemas y de las mejoras. La gente se ve obligada a resolver problemas, pero nadie se ve forzado a buscar oportunidades. Sin embargo, todo el mundo es *libre* de hacerlo si así lo desea.

El pensamiento especulativo siempre debe comenzar con el mejor escenario posible. Así se puede valorar el máximo beneficio posible de la idea. Si los beneficios no son interesantes con el mejor escenario posible, la idea no merece la pena.

- En el mejor escenario posible, la otra tienda se ve obligada a cerrar y nosotros nos hacemos con todo el negocio de la zona. Pero no veo que eso fuese a ser especialmente beneficioso. Hoy por hoy, la otra tienda sigue esforzándose.

- En el mejor escenario posible, los tipos de interés aumentan rápidamente y el valor de nuestra hipoteca transferible de interés fijo permite vender la casa muy fácilmente.

Si los beneficios parecen suficientemente atractivos en el mejor escenario posible, es cuestión de estudiar las probabilidades de que se dé ese escenario (y de que los beneficios surjan tal como se ha pensado).

En sus aspectos especulativos, el pensamiento de sombrero amarillo prevé el mejor escenario posible y los máximos beneficios. El pensamiento de sombrero amarillo puede reducir después esos elementos de manera «probable».

Por último, el pensamiento de sombrero negro puede indicar los puntos de duda.

Las oportunidades pueden surgir de la extrapolación en el futuro del escenario actual. Y también «si» tiene lugar algún acontecimiento determinado o «si» alguna condición cambia.

- Los precios de los bonos del Estado subirán «si» los tipos de interés bajan.
- «Si» los precios del combustible bajan, los coches grandes se venderán mejor.

Parte de la función especulativa del sombrero amarillo consiste en explorar los posibles cambios derivados del «si…».

No se trata de basar las acciones o las decisiones en una exploración del tipo «si…» (aunque podría ser necesario emprender acciones defensivas en casos como las operaciones con fondos compensatorios o la retirada del seguro contra incendios). Forma parte de la exploración con el sombrero amarillo.

Parte de la función del sombrero negro también consiste en explorar el «si…» en el sentido de riesgo y peligro. La parte correspondiente de la función del sombrero amarillo consiste en explorar el equivalente positivo del riesgo (que llamaremos oportunidad).

- ¿En qué condiciones sería rentable esta cadena hotelera?
- Si se establece la emisión vía satélite, ¿qué nuevas oportunidades ofrecerá a los publicistas?

El aspecto especulativo del sombrero amarillo también guarda relación con la *visión*.

Ya he mencionado el papel de la visión y los sueños en el pensamiento de sombrero amarillo. En cierto sentido, la visión va más allá de la especulación porque puede establecer un objetivo para el que existen pocas esperanzas de éxito.

En cualquier diseño existe primero algún tipo de visión. Del mismo modo que un buen vendedor logra una venta planteando una visión maravillosa que el cliente puede compartir, el diseñador se autovende una visión positiva de lo que intenta hacer. Primero surge la visión; después siguen la forma y el detalle. Esta visión incluye los beneficios y la viabilidad del proyecto: se puede hacer, y merece la pena.

Resulta muy difícil hacer algo sin experimentar cierta sensación de logro y valía.

- Tengo la visión de viviendas atractivas a precios bajos, y creo que también veo cómo se podrían hacer.
- Tengo la visión de un tipo distinto de economía que manejará los beneficios y la productividad de manera distinta.
- Tengo la visión de que enseñar a pensar se convierta en una materia fundamental en todos los colegios. En algunos países ya han empezado.

La emoción y el estímulo de una visión van mucho más allá del juicio objetivo. Una visión establece una dirección para el pensamiento y la acción. Se trata de otro aspecto más del sombrero amarillo.

27

PENSAMIENTO DE SOMBRERO AMARILLO

Relación con la creatividad

Diferencia entre constructivo y creativo.
Eficacia y cambio.
Nuevas ideas y viejas ideas.

El pensamiento de sombrero amarillo no se relaciona directamente con la creatividad. El aspecto creativo del pensamiento es específico del sombrero verde, que veremos en el siguiente apartado.

Es cierto que el aspecto positivo del pensamiento de sombrero amarillo es necesario para la creatividad. Es cierto que la valoración positiva y el aspecto constructivo del pensamiento de sombrero amarillo resultan vitales para la creatividad. No obstante, los pensamientos de sombrero amarillo y de sombrero verde son bastante distintos.

Una persona puede ser una excelente pensadora de sombrero amarillo y carecer por completo de creatividad. Creo que es muy arriesgado confundir los dos sombreros, porque una persona que no sea creativa podría pensar que el pensamiento de sombrero amarillo no es para ella.

La creatividad tiene que ver con el cambio, la innovación, la invención, las nuevas ideas y las alternativas. Una persona puede ser una excelente pensadora con sombrero amarillo y no tener nunca una idea nueva. La aplicación eficaz de las viejas ideas es un ejercicio correcto de pensamiento de sombrero amarillo. Las ideas no tienen que ser nuevas, y ni siquiera es preciso que exista la intención de encontrar ideas nuevas. El pensamiento de sombrero amarillo tiene que ver con la actitud positiva de hacer bien el trabajo. De eficacia, más que de novedad, es de lo que trata el pensamiento de sombrero amarillo.

Puede existir cierta confusión debido al amplio significado del término *creativo*. Debemos distinguir dos aspectos. El primero es el de «ocasionar, producir algo». En este sentido, alguien podría crear un desastre. Un carpintero crea una silla. Un emprendedor crea un negocio. El segundo aspecto es el de la «novedad». De nuevo, resulta algo confuso porque también pueden existir dos tipos de novedades. El primero se refiere a algo nuevo en el sentido de que es distinto a lo que había antes; por ejemplo, un sistema de comunicación «nuevo» en tu oficina pero que ya se utiliza en muchas otras oficinas. El segundo aspecto es el de la novedad absoluta, es decir, un invento o un concepto que no existe en ningún otro lugar.

En cuanto a los artistas, existe una especie de dilema. Por ejemplo, está claro que un pintor crea algo que antes no existía. Dado que ese cuadro no será exactamente el mismo que uno anterior, ya tenemos algo «nuevo». Sin embargo, es posible que esa nueva pintura no tenga un nuevo concepto o una nueva percepción. Puede que el pintor posea un estilo muy personal y que lo aplique a pintar paisajes y más paisajes. En cierto sentido, se trataría de una cadena de producción dentro de un estilo particular.

El pensamiento de sombrero amarillo guarda una estrecha relación con la creación, con tomar una idea que ya se utiliza en otro ámbito y hacer que funcione, con generar enfoques alternativos para un problema... Incluso puede definir oportunidades. Sin embargo, el pensamiento de sombrero amarillo no tiene nada que ver con el cambio de conceptos o percepciones. Ésa es una tarea del sombrero verde.

El acto de disponerse a mirar algo de un modo positivo puede crear por sí solo una nueva percepción, y eso puede ocurrir con el pensamiento de sombrero amarillo.

- Ese vaso no está medio vacío, sino medio lleno de whisky.

Del mismo modo que el pensamiento de sombrero negro puede señalar un error y dejar al sombrero verde que lo corrija, el pensamiento de sombrero amarillo puede definir una oportunidad y dejar que el sombrero verde descubra algún modo nuevo de aprovecharla.

- Cada vez más personas necesitan aparcar en las ciudades. ¿Podemos sacar algo positivo de eso?
- Podríamos subir los precios de las habitaciones si lográsemos más clientes en viajes de negocios. ¿Cómo podemos hacerlo? Vamos a plantear las ideas habituales y después nos pondremos el sombrero verde para encontrar algunas ideas nuevas.

28

RESUMEN DEL PENSAMIENTO DE SOMBRERO AMARILLO

El pensamiento de sombrero amarillo es positivo y constructivo. El color amarillo simboliza el sol, la luminosidad y el optimismo.

El pensamiento de sombrero amarillo se relaciona con la valoración positiva, del mismo modo que el pensamiento de sombrero negro tiene que ver con la valoración negativa.

El pensamiento de sombrero amarillo abarca un espectro positivo que va desde la lógica y la práctica de un extremo hasta los sueños, las visiones y las esperanzas del otro.

El pensamiento de sombrero amarillo investiga y explora los valores y los beneficios. Después lucha por encontrar apoyo lógico para esos valores y beneficios. El pensamiento de sombrero amarillo intenta plantear un optimismo con una base sólida, pero no restringido únicamente a este tipo (siempre y cuando se etiqueten correctamente otros tipos de optimismo).

El pensamiento de sombrero amarillo es constructivo y generativo. Del pensamiento de sombrero amarillo surgen las propuestas y las sugerencias concretas. Se relaciona con la operancia y con hacer que las cosas ocurran. La efectividad es el objetivo del pensamiento constructivo de sombrero amarillo.

El pensamiento de sombrero amarillo puede ser especulativo y buscador de oportunidades. También permite albergar visiones y sueños.

En cambio, no tiene nada que ver con la simple euforia positiva (sombrero rojo) ni con la creación de nuevas ideas (sombrero verde).

EL SOMBRERO VERDE

El sombrero verde es el sombrero de la energía. Piensa en vegetación, en crecimiento, en nuevas hojas y ramas. El sombrero verde es el de la creatividad.

Con el sombrero verde planteamos nuevas ideas, opciones y alternativas que incluyen las más obvias y las novedosas. Con el sombrero verde intentamos modificar y mejorar las ideas sugeridas.

El valor del sombrero verde radica en que se destina un tiempo específico para que todos realicen un esfuerzo creativo. La creatividad deja de ser cosa de la «persona de las ideas»; todos los participantes en la reunión tienen que exponer una idea. Cuando se utiliza el sombrero verde, se espera que todos realicen un esfuerzo creativo (o, si no, que permanezcan callados). A nadie le gusta permanecer en silencio, así que todos acaban haciendo un esfuerzo creativo.

El reparto de tiempo para el esfuerzo creativo es muy importante, ya que reconoce que la creatividad es un ingrediente básico del pensamiento.

El elemento «expectativa» también es muy importante. A la gente se le da muy bien hacer lo que se espera de cada uno, jugar al «juego» que toca en cada momento. El resultado es que las personas que nunca se han considerado creativas empiezan a realizar un esfuerzo creativo. Su confianza aumenta y muy pronto son tan creativas como cualquiera.

Con el sombrero verde se pueden plantear «posibilidades». Éstas desempeñan un papel mucho más importante en el pensamiento de lo que la mayoría de las personas creen. Sin posibilidades no se puede progresar. Hace dos mil años, la tecnología china estaba muy por delante de la occidental. Después, el progreso pareció llegar a su fin. La explicación recurrente es que los chinos no desarrollaron hipótesis. Sin esta pieza clave de «software» mental era imposible progresar.

Los que creen que el progreso surge del análisis de la información y de la deducción lógica están totalmente equivocados. «Podríamos hacer esto, o esto, o esto.» El sombrero verde también se emplea para superar algunas de las dificultades planteadas por el sombrero negro. El sombrero verde puede sugerir modificaciones de una idea para evitar las dificultades, o también la necesidad de una idea adicional.

El sombrero verde incluye la creatividad más estudiada y la creatividad deliberada.

Si con el sombrero verde se producen muchas ideas y posibilidades, es probable que no haya tiempo suficiente en una sesión para estudiarlas todas. Tal vez sería el momento de utilizar el sombrero rojo para seleccionar las ideas que se adapten a un marco determinado. Por ejemplo, ese marco podría ser «ideas de bajo coste» o «ideas que se pueden probar fácilmente». El resto de ideas se pueden estudiar más tarde. De este modo, la energía del sombrero verde se utilizará de manera práctica.

29

EL SOMBRERO VERDE

Pensamiento creativo

Nuevas ideas, nuevos conceptos y nuevas percepciones.
La creación deliberada de nuevas ideas.
Alternativas y más alternativas.
Cambio.
Nuevos enfoques para los problemas.

El sombrero para pensar verde tiene que ver con nuevas ideas y nuevos modos de mirar las cosas. El pensamiento de sombrero verde guarda relación con huir de las viejas ideas para encontrar otras mejores, con los cambios. Se trata de un esfuerzo deliberado y centrado en esa dirección.

- Vamos a plantear algunas ideas nuevas sobre este tema. Poneos los sombreros verdes.
- Estamos atascados. Seguimos dando vueltas a las mismas ideas. Necesitamos desesperadamente un nuevo enfoque. Ha llegado el momento de pensar con el sombrero verde.
- Habéis planteado los enfoques tradicionales respecto a este problema. Volveremos a ellos más tarde, pero

antes vamos a pensar diez minutos con el sombrero verde para ver si se nos ocurre un enfoque nuevo.

- Este problema exige una solución de sombrero verde.

Necesitamos creatividad porque ninguna otra cosa ha funcionado.

Necesitamos creatividad porque sentimos que las cosas podrían hacerse de una manera mucho más sencilla o mejor.

La urgencia de hacer las cosas mejor debería ser el telón de fondo de nuestro pensamiento. Existen ocasiones, sin embargo, en las que necesitamos utilizar la creatividad de manera deliberada y centrada. El sombrero verde nos permite pasar al papel creativo del mismo modo que con el sombrero rojo adoptamos el papel de los «sentimientos» y con el negro el de la cautela.

De hecho, es posible que se necesite más el sombrero verde que cualquier otro sombrero para pensar. En el ejercicio del pensamiento creativo podría ser necesario plantear ideas deliberadamente ilógicas a modo de estímulo. Por tanto, necesitamos un modo de dejar claro que estamos desempeñando el papel de bufón o payaso en nuestro intento de provocar nuevos conceptos. Incluso en el caso de que no sean provocaciones, las nuevas ideas son plantitas delicadas que necesitan el sombrero verde para protegerse de las heladas instantáneas de los hábitos de sombrero negro.

Como ya he mencionado en diversas ocasiones, el valor de *señalización* de los seis sombreros para pensar presenta varios aspectos. Puedes *solicitar* que alguien se ponga un sombrero determinado e intente pensar de ese modo. Puedes *indicar* que un determinado tipo de pensamiento parece el más deseable. Puedes *señalar* a los demás que estás intentando pensar de una manera determinada (y que, por tanto, deben tratar tu participación del modo adecuado). Uno de los aspectos más importantes es que también puedes *señalarte a ti mismo*, cosa que resulta especialmente importante en el caso del sombrero verde. El acto de ponerse el sombrero verde significa que estás reservando un tiempo para el pensamiento creativo deliberado. Es muy distinto a quedarse esperando que las ideas se te ocurran sin más. Es posible que no tengas ideas nuevas mientras llevas el sombrero verde, pero habrás realizado el esfuerzo. A medida que vayas mejorando en el pensamiento creativo deliberado, descubrirás que la producción de ideas aumenta. De este modo, el sombrero verde convierte el pensamiento creativo en una parte formal del proceso de pensamiento, no en un lujo.

Para la mayoría de las personas, el lenguaje del pensamiento creativo resulta complicado porque es contrario a los hábitos naturales de reconocimiento, juicio y crítica. El cerebro está diseñado como una «máquina de reconocimiento», preparado para establecer modelos, utilizarlos y rechazar todo aquello que no «encaje» en esos modelos. A la mayoría de los pensadores les gusta estar seguros y tener razón. La creatividad implica provocación, exploración, riesgo y «experimentos del pensamiento». No puedes predecir cómo va a salir el experimento, pero quieres tener la posibilidad de llevarlo a cabo.

- Recuerda que llevo puesto el sombrero verde y que, por tanto, puedo decir cosas como ésta. Para eso es el sombrero verde.
- Creía que se suponía que llevábamos puesto el sombrero verde. Estamos siendo demasiado negativos. ¿No es esto pensamiento de sombrero negro?
- Mi contribución de sombrero verde consiste en sugerir que paguemos a los presos con condenas largas una pensión aceptable tras su puesta en libertad. Eso les ayudaría a reinsertarse en la sociedad, tendrían algo que perder y se evitaría que volviesen a delinquir. Tomadlo como una provocación si queréis.
- Bajo la protección del sombrero verde quiero sugerir que despidamos al personal de ventas.

El sombrero verde por sí solo no puede hacer que la gente sea más creativa. Sin embargo, sí puede dar a los pensadores el tiempo y la concentración necesarios para ser más creativos. Si se invierte más tiempo en buscar alternativas, habrá más probabilidades de encontrar más. Con frecuencia, las personas más creativas son sólo personas que dedican más tiempo a intentar ser creativas, porque se sienten motivadas por la creatividad. El sombrero verde ofrece una especie de motivación artificial. Resulta difícil motivar a alguien a ser creativo, pero siempre se le puede pedir que se ponga el sombrero verde y aporte sus ideas.

La creatividad es algo más que mostrarse positivo y optimista. Los sentimientos positivos y optimistas encajan en el sombrero rojo. Las valoraciones positivas van con el sombrero amarillo. El pensamiento de sombrero verde exige nuevas ideas reales, nuevos enfoques y más alternativas.

Con el pensamiento de sombrero blanco esperamos una aportación segura de información neutra y objetiva. Con el sombrero negro esperamos algunas críticas específicas. Con el sombrero amarillo nos gustaría obtener comentarios positivos, pero no siempre es posible. En el caso del sombrero rojo, esperamos que nos informen sobre los sentimientos implicados, aunque sean neutros. Con el pensamiento de sombrero verde, sin embargo, no podemos *exigir* una aportación. Podemos exigir un esfuerzo y que se reserve tiempo para generar nuevas ideas. Con todo, puede ocurrir que el pensador no aporte nada nuevo. Lo que importa es el tiempo invertido en el esfuerzo.

Nadie puede ordenarse a sí mismo (o a los demás) que se le ocurra una idea nueva, pero sí que invierta algo de tiempo intentando tener nuevas ideas. El sombrero verde proporciona un modo formal de hacerlo.

30

PENSAMIENTO DE SOMBRERO VERDE

Pensamiento lateral

Pensamiento lateral y su relación con la creatividad.
Humor y pensamiento lateral.
Cambio de modelo en un sistema de información que se autoorganiza.

Al escribir sobre el pensamiento de sombrero verde he utilizado la palabra *creatividad* porque es la que se utiliza en general. Muchos de los lectores de este libro no habrán oído hablar de mí o de mi concepto del pensamiento lateral. Deseo añadir que el pensamiento de sombrero verde abarca la amplia gama de esfuerzo creativo y no se limita al pensamiento lateral.

Inventé la expresión *pensamiento lateral* en 1967, y hoy forma parte de la lengua inglesa de manera oficial (el *Oxford English Dictionary* recoge el término).

La expresión *pensamiento lateral* tenía que ser inventada por dos razones. La primera es el significado amplísimo y un tanto vago de la palabra *creativo*, como ya he indicado en el apartado del sombrero amarillo. El término parece abarcarlo todo, desde la creación de confusión hasta la creación de una sinfonía. El pensamiento lateral tiene que ver de manera muy precisa con conceptos y percepciones cambiantes, organizaciones (modelos) de la experiencia determinadas históricamente.

La segunda razón es que el pensamiento lateral se basa directamente en el comportamiento de la información de sistemas informativos activos y autoorganizativos. El pensamiento lateral es un *cambio de modelo en un sistema asimétrico.* Soy consciente de que parece una definición muy técnica, y no hay necesidad de entender la base técnica del pensamiento lateral para aplicarlo en la práctica. La base técnica está ahí, no obstante, para los que quieran saber más. Del mismo modo que el pensamiento lógico se basa en el comportamiento del lenguaje simbólico (un universo particular), el pensamiento lateral se basa en el comportamiento de sistemas de modelos (también un universo particular).

De hecho, existe una relación muy estrecha entre los mecanismos del humor y los del pensamiento lateral. Ambos dependen de la naturaleza asimétrica de los modelos de percepción. Ésta es la base de la reacción repentina tras la cual la idea expresada pasa a ser obvia.

Las técnicas deliberadas del pensamiento lateral (diversas formas de provocación y «movimiento») se basan directamente en el comportamiento de los sistemas de modelos. Estas técnicas están diseñadas para ayudar al pensador a tomar un *atajo* a través de los modelos en lugar de limitarse a seguirlos. Cuando comprobamos que los atajos dan buenos resultados, experimentamos el «efecto eureka».

Gran parte de nuestra cultura del pensamiento se dirige hacia la parte del «procesamiento». Hemos desarrollado unos sistemas excelentes, incluyendo las matemáticas, la estadística, el procesamiento de datos, el lenguaje y la lógica. Sin embargo, todos estos sistemas sólo funcionan con las palabras, los símbolos y las relaciones proporcionadas por la percepción. Ésta reduce a dichas formas el complejo mundo que nos rodea. En la percepción, el pensamiento lateral trata de alterar los modelos establecidos.

El pensamiento lateral abarca actitudes, expresiones, pasos y técnicas. He escrito sobre todos estos conceptos en *El pensamiento lateral* y en *Ideas para profesionales que piensan*. En este libro no me corresponde tratarlos de nuevo.

No obstante, sí mencionaré algunos puntos fundamentales del pensamiento lateral en los siguientes capítulos porque también son básicos para el ejercicio del pensamiento de sombrero verde.

31

PENSAMIENTO DE SOMBRERO VERDE

Movimiento en lugar de juicio

Utilizar una idea como pasadera.
¿Adónde me lleva todo esto?
El efecto de avance de las ideas.

En el pensamiento normal utilizamos el *juicio*. ¿En qué se diferencia esta idea de lo que ya sé? ¿En qué se diferencia con mis modelos de experiencia? Juzgamos que encaja o señalamos por qué no encaja. El pensamiento crítico y el pensamiento de sombrero negro se relacionan directamente con el hecho de ver cómo encaja una sugerencia con lo que ya sabemos.

Podemos llamarlo el *efecto trasero* de una idea. Miramos atrás, a nuestras experiencias pasadas, para valorar la idea. Del mismo modo que una descripción tiene que encajar con lo que describe, esperamos que las ideas encajen con nuestros conocimientos. ¿De qué otro modo podríamos decir si son correctas?

Para la mayor parte de nuestro pensamiento, el juicio (o los sombreros amarillo y negro) es vital. No podríamos hacer nada sin él. Con el pensamiento de sombrero verde, sin embargo, tenemos que recurrir a un lenguaje distinto. Cambiamos el juicio por *movimiento.*

El movimiento es un elemento clave del pensamiento lateral. Es otro de los términos que he acuñado. Mi intención era dejar absolutamente claro que el movimiento *no* es sólo una ausencia de juicio. Muchos enfoques anteriores del pensamiento creativo hablan de posponer, suspender o retrasar el juicio. Creo que es una idea demasiado débil porque en realidad no indica al pensador qué tiene que hacer, solamente qué no debe hacer.

El movimiento es un lenguaje activo. Utilizamos las ideas por su *valor de movimiento.* Existen varios modos de obtener movimiento de una idea, incluyendo la extracción del principio y la atención a la diferencia.

Con el movimiento utilizamos una idea por su *efecto de avance*, para ver a dónde nos va a llevar. Empleamos una idea para comprobar a dónde conduce. En efecto, aplicamos las ideas para avanzar. Del mismo modo que empleamos una pasadera para cruzar un río, utilizamos la provocación como piedra pasadera para pasar de un modelo a otro.

Como veremos, la provocación y el movimiento van de la mano. Sin el lenguaje del movimiento no podemos utilizar la provocación. A menos que seamos capaces de emplear la provocación, permaneceremos atrapados en modelos pasados.

- Quiero que utilicéis esta idea por su valor de movimiento, no por su valor de juicio. Supongamos que todo el mundo fuese policía.

Fue una provocación de este tipo la que dio lugar al concepto de «vigilancia vecinal», explicado en la portada del *New York Magazine* de abril de 1971. El concepto se halla extendido actualmente en veinte mil comunidades de Estados Unidos. La idea consiste en que los ciudadanos complementan la tarea de la policía para evitar y detectar la delincuencia en los barrios. Se dice que los delitos han descendido de manera significativa en las zonas donde se aplica el concepto.

- Supongamos que hiciésemos hamburguesas cuadradas. ¿Qué movimiento podríamos sacar de esta idea?
- Supongamos que existiesen fianzas de seguros transferibles que se pudiesen vender directamente a otra persona. Examinemos la idea con el sombrero verde.

Este planteamiento podría desembocar en la idea de que los seguros son realmente transferibles. La gente se arriesgaría a establecer sus propias tarifas. Si tuvieses un riesgo de tipo AAA, obtendrías ciertos beneficios del seguro universal. Si fuesen un tipo AA, disfrutarías de menos beneficios.

En ocasiones tomamos una idea, la utilizamos como pasadera y acabamos con otra idea totalmente distinta. Simplemente extraemos algún principio de la pasadera y lo aplicamos. En otros momentos nos quedamos con una idea «plántula» y la alimentamos hasta que crece y se convierte en una planta resistente. O puede que sea cuestión de tomar una idea vaga y darle forma hasta transformarla en una concreta y práctica. Todas estas posibilidades son aspectos del movimiento. Lo más importante que hay que recordar es que nos movemos hacia *adelante* con una idea o desde una idea.

- Imaginemos que todo el que quiera ser ascendido debe llevar una camisa amarilla. Poneos el sombrero verde y decidme a dónde os lleva esta idea.
- Me lleva a pensar en la propia imagen de la persona que ha decidido llevar una camisa amarilla. Tiene que estar a la altura de esa imagen.
- Me lleva a pensar en algún modo de reconocer a esas personas con ambición, pero cuyo talento pasa desapercibido. Tal vez sería más adecuado formar a personas ambiciosas y dotarles de las habilidades necesarias.
- Me lleva a pensar en las reglas del juego. La camisa amarilla sería una norma para la promoción, y todo el mundo lo sabría. ¿Cuántos empleados saben lo que tienen que hacer para ser ascendidos?
- Me lleva a pensar en las personas que no quieren ser ascendidas. Pueden demostrar su postura prescindiendo de llevar la camisa amarilla. Sólo quieren permanecer en su puesto de trabajo.

- Me lleva a pensar en un modo de descubrir a los líderes. Hay que estar muy seguro de la propia posición respecto a los que nos rodean para arriesgarnos a lucir la camisa amarilla.

A partir de este tipo de movimiento podrían surgir diversas ideas útiles. Ninguna de ellas tiene que utilizar una camisa amarilla real.

- Una sugerencia para trabajar los sábados y librar los miércoles. ¿Qué pensáis con el sombrero verde?
- Como nadie quiere los turnos de fin de semana, hay una sugerencia para que contratemos a trabajadores fijos para los sábados y domingos. No parece una idea viable, pero vamos a ver qué sale con el sombrero verde.

En realidad, esta última idea se probó y dio muy buenos resultados. Aplicar el pensamiento de sombrero verde a la idea le otorgó el atractivo suficiente para ponerla a prueba (en este caso específico, con el pensamiento de sombrero amarillo se habría conseguido lo mismo).

El movimiento debe ir más allá de la valoración positiva de una idea. Es un proceso dinámico, no un juicio.

¿Qué es interesante de esta idea? ¿Y diferente? ¿Qué sugiere? ¿A dónde conduce? Estas preguntas forman parte del lenguaje del movimiento.

El punto clave a recordar es que en el pensamiento de sombrero verde el lenguaje del movimiento sustituye por completo al lenguaje del juicio.

32

PENSAMIENTO DE SOMBRERO VERDE

La necesidad de provocación

Uso de la palabra PO.
La lógica del absurdo.
Provocación aleatoria.

Los descubrimientos científicos siempre se describen como si se hubiesen llevado a cabo paso a paso y de manera lógica. En ocasiones ocurre así, pero otras veces la lógica ordenada es sólo un disfraz *a posteriori* de lo que realmente ha sucedido. Un error o un accidente imprevistos han proporcionado el estímulo que ha dado lugar a la nueva idea. Los antibióticos se descubrieron gracias a la contaminación accidental de un cultivo con el hongo *Penicillium*. Se dice que Colón se atrevió a surcar el Atlántico sólo porque cometió un gran error al calcular las distancias a partir de un viejo tratado.

La naturaleza proporciona este tipo de provocaciones. Las provocaciones no se buscan porque no tienen cabida en el pensamiento actual. Su papel consiste en eliminar el pensamiento de los modelos actuales.

La lógica de la provocación surge directamente de la lógica de los sistemas de modelos asimétricos (véase *Po: Beyond Yes and No)*.

Podemos sentarnos y esperar a que aparezcan las provocaciones, o podemos intentar producirlas de forma deliberada. Esto es lo que ocurre en el pensamiento lateral. La capacidad de utilizar provocaciones constituye una parte esencial del pensamiento lateral.

En la sección anterior hemos examinado el lenguaje del movimiento.Así utilizamos las provocaciones: por su valor de movimiento. Ahora podemos examinar cómo las creamos.

Hace muchos años inventé la palabra *PO* como un indicador simbólico de una idea planteada *a modo de provocación y por su valor de movimiento.* Si se quiere, PO podría corresponder a *provocative operation* («operación provocativa»).

El PO actúa como una especie de bandera blanca de tregua. Si una persona se acercase a un castillo portando una bandera blanca, dispararle sería romper las reglas del juego. De forma similar, si una idea se plantea bajo la protección del PO, rebatirla con un juicio de sombrero negro no sería juego limpio.

En cierto sentido, como ya he mencionado, la palabra *PO* actúa del mismo modo que el sombrero verde. La persona que lleva el sombrero verde puede plantear ideas «descabelladas». El sombrero verde posee un alcance mucho mayor que el PO, pero éste es más específico. Por tanto, lo mejor es utilizar ambos.

- Los coches PO deberían tener las ruedas cuadradas.
- Los aviones PO deberían aterrizar boca abajo.
- A los compradores PO habría que pagarles por comprar.
- Los ejecutivos PO deberían autoascenderse.
- Una fábrica contaminante PO debería estar junto a sus propios vertidos.

Esta última provocación condujo a la idea de legislar para que las fábricas construidas junto a los ríos tengan la entrada de agua más abajo del punto donde realizan sus vertidos. De este modo, esas fábricas serían las primeras en probar su propia contaminación.

La palabra *po* también puede considerarse procedente de palabras como hi*pó*tesis, su*po*sición, *po*sible e incluso *po*esía. En todos estos vocablos se plantea una idea por su efecto de avance, para provocar algo.

Por definición, una idea absurda o ilógica no puede existir en nuestra experiencia ordinaria. Por tanto, la idea queda al margen de cualquier modelo existente. De este modo, una provocación nos obliga a salir de los modelos habituales de percepción. Cuando nos alejamos de la provocación, pueden suceder tres cosas: que seamos incapaces de ejecutar movimiento alguno, que volvamos a los modelos habituales o que cambiemos a un nuevo modelo.

Del mismo modo que existen métodos formales para crear movimiento a partir de una idea, hay modos formales para establecer provocaciones. Éstas proporcionan las técnicas deliberadas del pensamiento lateral.

Por ejemplo, un modo sencillo de plantear una provocación consiste en utilizar la *inversión*. Primero explicas cómo ocurre habitualmente un hecho y después lo inviertes o le das la vuelta.

- Los compradores pagan por los artículos que adquieren. Vamos a invertir eso. PO, la tienda paga a los clientes.
- Esto podría llevar a la idea del sistema de cupones, que realmente pagaba a los clientes una pequeña cantidad por cada compra.
- Esto podría llevar a la idea de que las cajas registradoras se preparen de tal manera que cada mil dólares cobrados se pague un bote o algún tipo de premio.

Las provocaciones no tienen que ser absurdas o ilógicas. Es posible tratar ideas muy serias como provocaciones. Si alguien te comunica una idea que no te gusta y que puedes rechazar al instante con el pensamiento de sombrero negro, puedes ponerte el sombrero verde y decidir tratar esa idea *como una provocación*. Siempre es posible tomar ese tipo de decisiones.

- No veo cómo podría funcionar tu idea de una tienda con «sistema de honores», porque sería muy fácil abusar. No obstante, voy a ponerme el sombrero verde para tratarla como una provocación. Eso lleva a la idea de inflar las cuentas con recibos aleatorios. Presumiblemente, los errores se nivelarían por sí solos.

Un modo muy sencillo de plantear una provocación consiste en utilizar una palabra aleatoria. Puedes pensar en un número y abrir un diccionario por la página que lleve ese número. Una segunda cifra te dará la posición de la palabra en la página. Por ejemplo, puedes recurrir a la página 92, octava palabra. Los sustantivos son más fáciles de utilizar que los verbos y otros tipos de vocablos. Una lista de nombres comunes es más sencilla que un diccionario.

Supongamos que queremos algunas ideas nuevas relacionadas con el tabaco. La palabra aleatoria resulta ser *rana*.

- Así que tenemos cigarrillos PO rana. Una rana sugiere saltos, así que podríamos inventar un cigarrillo que se apagase al cabo de unos segundos. Sería una buena idea para evitar incendios. Además, el fumador podría guardar un cigarrillo ya empezado para más tarde. Esto, a su vez, conduce a una nueva marca llamada *cortos*, cigarrillos pensados para durar sólo dos o tres minutos.
- Quiero algunas ideas para hacer decorados de televisión. La palabra aleatoria es *queso*, así que televisión PO queso. El queso tiene agujeros, PO la pantalla de televi-

> sión tiene agujeros. ¿Qué puede significar esto? Tal vez podríamos incluir algunas «ventanas» que muestren qué emiten en otros canales.

Con lógica debería existir una razón para decir algo antes de decirlo. Con una provocación no tiene por qué existir una razón para decir algo hasta *después* de decirlo. La provocación produce un efecto, y es el valor de este efecto el que justifica la provocación.

Para muchas personas puede parecer impensable que una palabra aleatoria sirva para solucionar un problema. «Aleatoria» significa que la palabra no guarda una relación especial. Sin embargo, en la lógica de un sistema de modelos asimétrico resulta sencillo entender por qué funciona una palabra aleatoria. Proporciona un punto de partida distinto. A medida que trazamos nuestro camino a partir de ese nuevo punto de partida, aumentamos las probabilidades de volver a un camino que nunca habríamos tomado al pensar en el tema de forma directa.

La provocación, igual que el movimiento, forma parte del lenguaje básico del pensamiento de sombrero verde. Cuando estás en Francia hablas francés; cuando llevas el sombrero verde utilizas la provocación y el movimiento a modo de gramática de la creatividad.

33

PENSAMIENTO DE SOMBRERO VERDE

Alternativas

Satisfacción demasiado fácil.
Rutas, opciones y elecciones.
Niveles de alternativa.

En matemáticas, en el colegio, resuelves una suma y obtienes la respuesta. Pasas a la siguiente suma. No tiene sentido invertir más tiempo en la primera suma porque si ya tienes la respuesta correcta no puedes conseguir otra mejor.

Muchas personas trasladan este lenguaje a su pensamiento en su vida de adultos. En cuanto hallan una solución a un problema, dejan de pensar. Se encuentran satisfechas con lo primero que se les ocurre. Sin embargo, la vida real es muy distinta a las sumas del colegio. En general, existe más de una respuesta. Algunas respuestas son mucho mejores que otras: cuestan menos, son más fiables o más fáciles de llevar a cabo. No hay razón alguna para suponer que la primera respuesta tiene que ser la mejor. Si hay muy poco tiempo y muchos problemas por resolver, podría entenderse que la persona se conforme con la primera respuesta, pero sólo en ese caso. ¿Te gustaría que tu médico se conformase con lo primero que se le ocurriese y dejase de pensar en tu enfermedad?

Así, admitimos la primera respuesta y tenemos en cuenta que siempre podemos retroceder. A continuación, nos disponemos a buscar alternativas, otras soluciones. Cuando tengamos varias alternativas, podremos elegir la que mejor se adapte a nuestras necesidades y a nuestros recursos.

Aunque hagamos las cosas de una manera perfectamente adecuada, eso no significa que no pueda existir una manera mejor. Por eso nos disponemos a buscar una alternativa. Ésa es la base de cualquier mejora, no de la corrección de errores o de la resolución de problemas.

Hasta el momento, en esta sección he mencionado casos en los que ya tenemos un modo de hacer las cosas. Nuestra búsqueda de alternativas es en realidad una búsqueda de un modo mejor. También hay ocasiones en las que nos falta un modo de proceder.

Al planificar un viaje, pensamos en rutas alternativas. Cuando terminamos el mapa mental de una situación, buscamos rutas alternativas hacia nuestro destino.

La noción de alternativas sugiere que, en general, existe más de un modo de hacer las cosas, más de una manera de ver las cosas.

El reconocimiento de que pueden existir alternativas y la búsqueda de estas alternativas constituyen una parte fundamental del pensamiento creativo. De hecho, las diferentes técnicas del pensamiento lateral se dirigen a encontrar nuevas alternativas.

La voluntad de buscar alternativas (de percepción, de explicación, de acción) es una parte clave del pensamiento de sombrero verde.

- El periódico rival ha subido su precio. Poneos el sombrero verde y explicadme todas las alternativas.
- Hemos recibido una nota que dice que si no pagamos una gran suma de dinero, nuestros productos presentes en los supermercados serán envenenados. Vamos a repasar las opciones obvias, y después nos pondremos el sombrero verde para encontrar algunas más.

La búsqueda de alternativas implica una actitud creativa: la aceptación de que existen enfoques distintos. La búsqueda real de alternativas puede no necesitar una creatividad especial hasta haber expuesto las opciones obvias: se trataría de centrar la atención en el tema y crear una lista con los modos conocidos de tratarlo. Esto no es suficiente. Del mismo modo que necesitamos hacer un esfuerzo para ir más allá de la primera solución, debemos realizar un esfuerzo creativo para ir más allá de las alternativas obvias. En sentido estricto, es posible que sólo necesitemos el pensamiento de sombrero verde para esta búsqueda añadida. La primera parte de la búsqueda incluso podría realizarse con el sombrero blanco: «Repasemos los enfoques que normalmente se aplican en estas situaciones».

En la práctica resulta más conveniente centrar toda la búsqueda en las alternativas con pensamiento de sombrero verde.

En la formación empresarial se hace un gran hincapié en la toma de decisiones. Sin embargo, la calidad de toda decisión depende en gran parte de las alternativas de que dispone el que tiene que decidir.

- Vamos a tener que decidir una ubicación para este campamento de vacaciones. Poneos el sombrero verde y dadme todas las alternativas posibles. Después podremos ir descartando.
- ¿Cómo vamos a distribuir estos ordenadores? ¿Cuáles son las estrategias alternativas?

Mucha gente cree que un examen lógico abarcará todas las alternativas posibles. En un sistema cerrado sí podría ser así, pero rara vez ocurre en la vida real.

- Sólo existen tres alternativas posibles. Podemos dejar el precio tal como está, bajarlo o subirlo. No hay más.

Es cierto que cualquier acción posible sobre el precio se decantará por una de estas tres alternativas. Sin embargo, existe un gran número de variaciones posibles. Podemos bajar el precio más adelante (¿cuándo?). Podemos bajar el precio de algunos productos. Podemos cambiar el producto y lanzar una versión a bajo precio. Podemos cambiar la promoción del producto para justificar un precio más elevado (dejar el precio tal como está o incluso incrementándolo). Podemos bajar el precio durante un tiempo y después volver a subirlo. Podríamos dejar el precio intacto y ofrecer descuentos especiales. O bajar el precio y cobrar los extras. Cuando hayamos considerado todas las opciones (y existen muchas, muchas más), podríamos clasificarlas en las tres posibilidades del principio. Sin embargo, éstas no generan en sí mismas todas las alternativas posibles.

Los pensadores rígidos cometen con mucha frecuencia el error de subrayar las categorías alternativas generales y no ir más allá.

- Lo que realmente quiero hacer es subir y bajar el precio al mismo tiempo. Crearemos una línea económica y otra de más calidad a un precio más alto.

Existen diferentes niveles de alternativas. Tengo un poco de tiempo libre. ¿En qué lo voy a invertir? Podría irme de vacaciones. O apuntarme a algún curso. Podría practicar la jardinería, o reciclarme en el trabajo.

Si decido irme de vacaciones, pasamos al siguiente nivel. ¿Qué tipo de vacaciones quiero? Pueden ser en un destino de playa, o un crucero, o para practicar algún deporte. Si decido ir a un lugar de playa, pasamos al siguiente nivel: ¿a dónde voy? Podría ser el Mediterráneo. O el Caribe. O las islas del Pacífico. A continuación surge la cuestión de elegir cómo llegar y dónde alojarse.

Cada vez que buscamos una alternativa, lo hacemos dentro de un marco aceptado que establece el nivel. Por lo general, queremos permanecer dentro de ese marco.

- Te he pedido diseños alternativos para un asa de paraguas y tú me has presentado un diseño para un impermeable.

En ocasiones tenemos que retar al marco y pasar a un nivel superior.

- Me has pedido alternativas para cargar los camiones. Voy a decirte que sería más lógico transportar nuestros productos en tren.
- Me has pedido que sugiera medios para la campaña publicitaria. Voy a decirte que sería mejor invertir el dinero en relaciones públicas.

Intenta por todos los medios llevar el marco al límite y cambiar los niveles de vez en cuando, pero también debes estar preparado para generar alternativas dentro del nivel especificado. La creatividad adquiere muy mala fama cuando la gente creativa siempre se encarga de solucionar un problema distinto al que le han asignado. El dilema sigue siendo real: cuándo trabajar dentro del marco existente y cuándo salirse de él.

Llegados a este punto, surge una de las cuestiones más difíciles en torno a la creatividad: la pausa creativa. La pausa creativa no está presente a menos que decidamos incluirla nosotros mismos.

Pensemos en un asunto que discurre con toda normalidad. Hemos buscado las alternativas en los puntos obvios. Hemos planteado diferentes enfoques a los problemas. ¿Qué más podríamos querer de la creatividad?

En una ocasión invertí varios minutos en intentar apagar un despertador que no estaba sonando. No me paré a pensar que el sonido podía proceder de mi otro reloj.

La pausa creativa surge cuando decimos: «No hay una razón obvia por la que tenga que pararme en este punto a pensar en alternativas. Pero voy a hacerlo».

En general, estamos tan orientados a los problemas que cuando no los tenemos preferimos seguir avanzando en lugar de pararnos a pensar.

- No quiero pensar que tenemos un problema, porque no lo tenemos. De todos modos, quiero que os pongáis el sombrero verde y hagáis una pausa creativa en torno a nuestra costumbre de pintar los coches antes de venderlos.

- Haced una pausa de sombrero verde sobre este punto: los comerciales reciben comisiones por las ventas que realizan.
- Pensad en el volante de un coche. Cumple bien su función. Pausa y sombrero verde.

34

PENSAMIENTO DE SOMBRERO VERDE

Personalidad y habilidad

¿Es la creatividad una cuestión de habilidad, talento o personalidad?

Cambiar las máscaras es más fácil que cambiar los rostros.

Enorgullecerse por la aplicación de una habilidad.

Con frecuencia me preguntan si la creatividad es una cuestión de habilidad, talento o personalidad. La respuesta correcta es que pueden ser las tres, pero yo no lo confieso. Si no hacemos un esfuerzo por desarrollar la habilidad de la creatividad, *sólo puede ser* una cuestión de talento y personalidad. La gente se muestra muy dispuesta a aceptar que la creatividad es una cuestión de talento o personalidad, y como no tienen, creen que lo mejor es dejar la creatividad para otros. Por eso hago hincapié en el desarrollo deliberado del pensamiento creativo (por ejemplo, a través de técnicas de pensamiento lateral). A continuación, señalo que a algunas personas se les dará mejor, igual que hay quien juega a tenis o esquía mejor. La mayoría de las personas, no obstante, pueden alcanzar un nivel correcto.

No me gusta la idea de la creatividad como un don especial. Prefiero considerarla una parte normal y necesaria del pensamiento de todas las personas. No todos vamos a ser genios, del mismo modo que no todos los que juegan a tenis esperan ganar en Wimbledon.

Con frecuencia oigo historias sobre personas que son pensadoras naturales de sombrero negro. Parecen deleitarse en echar abajo todas las ideas o sugerencias de cambio. Me preguntan si es posible suavizar la personalidad de esas personas. Me preguntan si pueden desarrollar más tolerancia hacia la creatividad aunque nunca quieran utilizarla.

No creo que sea posible cambiar la personalidad. Creo que si a una persona se le muestra la «lógica» de la creatividad, puede producirse un efecto permanente en la actitud de esa persona hacia la creatividad. Tengo varias experiencias en las que ha ocurrido de ese modo. El enfoque más práctico consiste en utilizar el lenguaje de sombrero verde.

- Cuando llevas el sombrero negro para pensar, haces un trabajo excelente. No quiero quitar importancia a tu efectividad crítica, pero ¿qué hay del sombrero verde? Veamos qué puedes hacer con él.
- Tal vez prefieras ser un pensador de un solo sombrero. Es posible que no seas un «todoterreno». Quizá

sólo puedes cantar una melodía. Puede que tengas que pasar a ser el especialista en negatividad. Te introduciremos en la conversación sólo cuando necesitemos pensamiento de sombrero negro.

A nadie le gusta que le consideren unilateral. A un pensador brillante con el sombrero negro también le gustaría que le considerasen como mínimo aceptable con el sombrero verde.

La separación clara entre los sombreros verde y negro significa que el experto en este último no siente que tenga que reducir su negatividad para ser creativo. Cuando es negativo, puede serlo tanto como antes de proponérselo (contrástese esta idea con los intentos de cambiar la personalidad).

Las máscaras de la tragedia y la comedia están separadas. El actor no cambia, representa cada papel en función de la máscara que lleva. En realidad, se enorgullece de poder hacer comedia y tragedia, de su habilidad como actor.

Del mismo modo, un pensador necesita enorgullecerse de su habilidad como tal. Ello implica la capacidad de llevar cada uno de los seis sombreros y de practicar el pensamiento adecuado en cada caso. Ya he mencionado esta idea en una sección anterior. La repito aquí debido al problema práctico de tratar con la personalidad negativa.

- En este punto vamos a utilizar el pensamiento de sombrero verde. Si no puedes, permanece en silencio.
- Al menos podrías intentar utilizar el pensamiento de sombrero verde. Nunca ganarás confianza en él si ni siquiera pruebas.

En general, el pensamiento creativo ocupa una posición débil porque no parece necesario. La formalidad del sombrero verde favorece que se reconozca como una parte del pensamiento junto a los demás aspectos.

35

PENSAMIENTO DE SOMBRERO VERDE

¿Qué ocurre con las ideas?

¿Qué ocurre después?
Dar forma y adaptar las ideas.
El mánager de conceptos.

Uno de los aspectos más débiles de la creatividad es la «recolección» de ideas. He asistido a numerosas sesiones creativas en las que se han apuntado muchas buenas ideas. Sin embargo, en la fase de presentación de informes, la mayor parte de esas ideas han pasado desapercibidas o de largo para los participantes.

Tenemos tendencia a buscar únicamente la solución inteligente final. Ignoramos todo lo demás. Aparte de esa solución inteligente, es posible que haya muchos más elementos de valor. Por ejemplo, pueden surgir nuevas direcciones para los conceptos, aunque no existan modos específicos de tomar esas direcciones, o ideas a medio formar que no se pueden utilizar porque es preciso desarrollarlas más. O puede ocurrir que se planteen principios nuevos aunque todavía no estén vestidos con prendas prácticas. Es posible que tenga lugar un cambio en torno a la zona de soluciones (donde los participantes buscan esas soluciones). O que surjan «zonas sensibles a las ideas» de nueva definición (zonas en las que un nuevo concepto podría suponer una gran diferencia). Todas estas posibilidades deben tenerse en cuenta.

Dar forma y adaptar las ideas para que se aproximen más a satisfacer dos grupos de necesidades son dos acciones que deberían formar parte del proceso creativo. La primera necesidad es la de la situación. Se realiza el intento de dar forma a una idea para que sea posible aplicarla, y eso se lleva a cabo presentando las restricciones (que se utilizan a continuación como moldeadores).

- Ésa es una gran idea, pero en su forma actual resultaría demasiado cara. ¿Podemos darle forma para que no sea así?
- Por el momento, la normativa sobre construcción no nos permite hacer eso. ¿Podemos dar forma a la idea para no infringir las regulaciones? ¿Es posible?
- Ése es el producto adecuado para una gran empresa, pero la nuestra es pequeña. ¿Existe algún modo de utilizar la idea?

Hay que tener en cuenta que las limitaciones se plantean como moldeadoras, no como una pantalla de rechazo.

El segundo conjunto de necesidades que deben satisfacerse son las de las personas que van a tener que llevar a cabo la idea. Por desgracia, no estamos en un mundo perfecto. Sería fantástico que todos pudiesen ver en una idea el brillo y el potencial que resultan obvios para su creador. Pero no suele ser el caso. Parte del proceso creativo consiste en dar forma a la idea para que encaje lo mejor posible en el perfil de necesidades de las personas que van a tener que «comprar» la idea.

- En este momento sólo interesan las ideas para ahorrar dinero. ¿Hay algún modo de que esta idea pueda responder a ese interés, ahora o en un futuro inmediato?
- Para ser aceptable, una idea no debe ser demasiado novedosa. Tiene que resultar similar a alguna idea anterior y probada, que se sepa que funciona. ¿Qué comparaciones podemos establecer?
- Se pone mucho énfasis en la posibilidad de probar las ideas de manera experimental. ¿Cómo podríamos probar esta idea?
- La nueva moda es la alta tecnología. ¿Mejoraría esta idea la tecnología electrónica?

A veces, puede parecer que este proceso raya en la deshonestidad. Sin embargo, no hay nada deshonesto en diseñar un producto para el comprador. Por tanto, es preciso diseñar las ideas para satisfacer las necesidades del cliente (dentro de la organización).

En algunos de mis libros sugiero el papel del mánager de conceptos. Se trata de una persona que tiene la responsabilidad de estimular, recoger y guiar las ideas;

de organizar sesiones para generar ideas; de poner los problemas en manos de los más indicados para resolverlos, y de cuidar las ideas del mismo modo que un director de finanzas cuida la economía.

Si existe una persona así, se encarga de recopilar los resultados del pensamiento de sombrero verde. Si no, las ideas se quedan con sus creadores para su uso personal.

A continuación llega la fase del sombrero amarillo. Incluye el desarrollo constructivo de la idea, la valoración positiva y la búsqueda de beneficios y valores. Estos puntos ya se han tratado en el apartado dedicado al sombrero amarillo.

El siguiente es el pensamiento de sombrero negro. En cualquier fase se puede recurrir al pensamiento de sombrero blanco con el fin de aportar datos necesarios para evaluar si la idea funcionará o si resultará valiosa aunque no dé resultado.

La última fase es la del sombrero rojo: ¿nos gusta esta idea lo suficiente para seguir adelante con ella? Puede parecer extraño someter la idea a un juicio emocional al final. Es de esperar que este juicio emocional se base en los resultados obtenidos de los sombreros negro y amarillo. Al final, si una idea no despierta entusiasmo, es poco probable que tenga éxito.

36

RESUMEN DEL PENSAMIENTO DE SOMBRERO VERDE

El sombrero verde corresponde al pensamiento creativo. La persona que se pone el sombrero verde va a utilizar el lenguaje del pensamiento creativo. Los que le rodeen tendrán que tratar las ideas que plantee como ideas creativas. Lo ideal es que el pensador y el receptor lleven el sombrero verde.

El color verde simboliza la fertilidad, el crecimiento y el valor de las semillas.

La búsqueda de alternativas es un aspecto fundamental del pensamiento de sombrero verde. Existe la necesidad de ir más allá de lo conocido, lo obvio y lo satisfactorio.

El pensador de sombrero verde utiliza la pausa creativa para considerar en cualquier momento si existen ideas alternativas. No es necesaria una razón para hacer esa pausa.

En el pensamiento de sombrero verde, el lenguaje del movimiento sustituye al del juicio. El pensador pretende avanzar a partir de una idea con el fin de llegar a una nueva idea.

La provocación es una parte importante del pensamiento de sombrero verde, y se simboliza mediante la palabra *PO*. La provocación se utiliza para sacarnos de nuestros modelos de pensamiento habituales. Existen muchas maneras de plantear provocaciones (incluyendo el método de la palabra aleatoria).

El pensamiento lateral es un conjunto de actitudes, lenguajes y técnicas (incluyendo el movimiento, la provocación y el PO) para tomar atajos a través de los modelos en un sistema asimétrico y autoorganizado. Se emplea para generar nuevos conceptos y percepciones.

EL SOMBRERO AZUL

Piensa en el cielo azul. Piensa en una «perspectiva general». El sombrero azul corresponde a pensar sobre el pensamiento.

El sombrero azul es como un director de orquesta. Éste logra sacar lo mejor de los intérpretes supervisando que se haga lo que hay que hacer en el momento adecuado. El sombrero azul es como el maestro de ceremonias de un circo. Se utiliza para dirigir el pensamiento, para organizarlo, para controlar el proceso.

El uso del sombrero azul al principio de una sesión de pensamiento define la situación. El sombrero azul puede buscar definiciones alternativas de un problema, plantea el propósito de la sesión y lo que se quiere conseguir.

Con el sombrero azul inicial se organiza la secuencia de uso de los demás sombreros. El sombrero azul también puede especificar otros procesos de pensamiento (aunque no se vayan a utilizar los sombreros) y establecer la «estrategia» de pensamiento. Durante la sesión, el sombrero azul mantiene la disciplina y garantiza que los participantes se atengan al sombrero que se esté utilizando. Además, anuncia los cambios de sombrero.

Lo más habitual es que el sombrero azul lo lleve el facilitador, el coordinador o el líder de la sesión. Es un papel permanente. Además, durante una sesión específica de sombrero azul, cualquiera puede aportar sugerencias sobre el procedimiento.

Al final de una sesión, el sombrero azul pide los resultados, que pueden adoptar la forma de un resumen, una conclusión, una decisión, una solución, etc. El sombrero azul incluso puede reconocer que apenas se ha avanzado. Con el sombrero azul final se pueden organizar los siguientes pasos, que pueden ser activos o bien para pensar más en determinados puntos.

37

EL SOMBRERO AZUL
Control del pensamiento

Pensar sobre el pensamiento.
Instrucciones para pensar.
Organización del pensamiento.
Control de los otros sombreros.

Cuando llevamos el sombrero azul ya no pensamos en el tema, sino en lo que hay que pensar para explorar ese tema. El color azul simboliza el control de la visión general, ya que el cielo lo cubre todo. También sugiere distancia, calma y control.

Los ordenadores siguen sus programas, que les indican los pasos que deben ir dando. El sombrero azul es el sombrero de programación del pensamiento humano.

Con el sombrero azul podemos trazar un plan para pensar en detalle en lo que debe ocurrir en una secuencia concreta. También podemos utilizarlo para dar instrucciones inmediatas. Los diferentes pasos de ballet necesitan un coreógrafo que los organice en una secuencia.

El sombrero azul se utiliza cuando deseamos coreografiar los pasos del pensamiento.

Esta noción de pensamiento formalmente estructurado es muy distinta a la del pensamiento que fluye libremente sin una estructura global.

- Mi pensamiento de sombrero azul sugiere que deberíamos buscar alternativas en este momento.
- No tenemos demasiado tiempo para considerar este punto, así que debemos utilizarlo de manera eficaz. ¿A alguien le gustaría sugerir una estructura de sombrero azul para nuestro pensamiento?
- Hasta el momento no hemos llegado a ninguna parte. Con el sombrero azul, sugiero que pensemos un poco con el sombrero rojo para despejar el ambiente. ¿Qué pensamos realmente sobre esta propuesta para reducir las horas extra?

Por lo general, pensar consiste en cambiar, hablar sin parar y reaccionar ante las ideas que van surgiendo. Existe una finalidad de fondo, pero nunca se expresa como un objetivo global o como un subobjetivo. Las sugerencias, los juicios, las críticas, la información y las emociones se mezclan en una especie de guiso de pensamiento. Parece cuestión de dar vueltas a las cosas hasta que un pensador tropieza con algún enfoque probado que consigue lo que se anda buscando. Se trata de una exploración aleatoria de la experiencia claramente guiada por la crítica negativa. La asunción subyacente es que la gente razonablemente inteligente y con suficiente información aportará, en el transcurso de una discusión, las opciones de acción y elegirá las más adecuadas.

También se supone que el pensamiento se moldeará mediante las experiencias pasadas y las limitaciones presentes, de manera que el resultado «evoluciona» y se purifica a través de las críticas. La analogía con la evolución es directa, puesto que en la teoría darwiniana sobreviven las especies más adaptadas y en el pensamiento se produce la supervivencia de las ideas más adecuadas. Sustituimos las duras presiones de la negatividad por las enormes presiones del entorno.

En este tipo de pensamiento se desprende que los que participan ya tienen las propuestas de entre las cuales se va a elegir la solución. Esas propuestas pueden haber surgido del pensamiento personal o de la mente de «expertos».

En este libro hablo del tipo de pensamiento que elabora mapas; primero se explora y se observa el terreno. A continuación, se estudian las posibles rutas y por último se elige una de ellas.

Las personas implicadas en una situación afirmarán que su pensamiento sobre la materia tiene lugar de forma continuada, no sólo cuando participan en una reunión formal. En realidad, el propósito de estas discusiones no es tanto pensar como intercambiar los resultados del pensamiento que ya ha tenido lugar antes. En este punto nos acercamos al tipo de discusión tan típico del pensamiento occidental.

Me encantaría percibir que se ha realizado un esfuerzo de pensamiento para elaborar un mapa antes de plantear los diferentes puntos de vista. Por desgracia, rara vez sucede así. El pensador mira rápidamente a su alrededor en busca de una visión basada en la experiencia y los prejuicios, y después intenta perfeccionar esa visión a través de la discusión. Este proceder se halla tipificado en el método tradicional de escribir ensayos escolares. Se anima al alumno a que escriba la conclusión en la primera línea y después desarrolle el ensayo argumentando a favor de esa conclusión. El pensamiento se utiliza como apoyo, no como exploración. Lo mismo ocurre con la política y en los juzgados. Ambas partes empiezan con posiciones establecidas.

Las idas y venidas de las discusiones dan impulso al pensamiento. Por esa razón, a muchas personas les resulta más fácil pensar en grupo que en solitario. Para pensar por uno mismo se hace mucho más necesaria una estructura de sombrero azul.

Si vamos a adoptar el tipo de pensamiento elaborador de mapas, necesitamos una estructura. El sistema de ataque y defensa no es válido. Del mismo modo que un explorador precisa un plan para avanzar, el pensador requiere algún tipo de estructura organizativa.

Una estructura de sombrero azul puede proporcionar un plan de lo que va a ocurrir en cada momento (de forma muy parecida a un programa informático). Con frecuencia, el sombrero azul controla el pensamiento de tipo discusión de un modo muy similar a como controla un cochero los caballos.

- Sombrero blanco en esta fase.
- Ahora necesitamos algunas propuestas. Eso significa pensamiento de sombrero amarillo. Sugerencias concretas, por favor.
- Vamos a posponer un momento el pensamiento de sombrero negro porque no me satisfacen las ideas que tenemos. Vamos a utilizar el sombrero verde en este punto.

Con frecuencia, es cuestión de introducir un sombrero de vez en cuando en una discusión de tipo tradicional.

- Quiero que todos me deis vuestra opinión con el sombrero rojo. Si os acordáis, cuando llevamos el sombrero rojo tenemos permiso para exponer nuestras emociones y sentimientos sin tener que dar ningún tipo de justificación.
- Tal vez no lo sepáis, pero habéis estado utilizando el pensamiento de sombrero negro (es decir, juicio negativo). Nos habéis dicho por qué no va a funcionar. Ahora quiero que cambiéis al sombrero amarillo. Toca aportar una valoración positiva.
- No quiero vuestras opiniones ni sugerencias. Quiero dedicar unos minutos al pensamiento de sombrero blanco puro. Hechos y cifras sin interpretaciones.

- Creo que necesitamos hacer una pausa y aplicar un poco de pensamiento de sombrero azul. Olvidemos el tema de momento. ¿Cómo deberíamos organizar nuestro pensamiento?

Conviene señalar que el pensamiento de sombrero azul no se limita a organizar el uso de los otros sombreros. También se puede emplear para organizar otros aspectos del pensamiento, como la valoración de prioridades o la enumeración de limitaciones.

38

PENSAMIENTO DE SOMBRERO AZUL

Foco

Formular las preguntas adecuadas.
Definir el problema.
Establecer las tareas de pensamiento.

El *foco* desempeña uno de los papeles clave del pensamiento de sombrero azul. La diferencia entre un buen pensador y un pensador mediocre radica casi siempre en la capacidad de enfocar. ¿De qué debe tratar el pensamiento? No basta con ser consciente del propósito general del pensamiento.

- Queremos concentrarnos en preparar un conjunto de posibles respuestas al recorte de precios de nuestros competidores.
- Vamos a concentrarnos en qué queremos cada uno de nosotros con respecto a las vacaciones.
- Paraguas y publicidad. Quiero ideas creativas sobre el posible uso de paraguas en publicidad.

- ¿Cómo podemos conseguir que los clientes satisfechos animen a sus amigos a hospedarse en nuestro hotel? Ése es el foco específico.
- El foco general es que tenemos que concentrarnos en encontrar nuevos segmentos del mercado para nuestros establecimientos de comida rápida. El foco concreto consiste en conseguir que la gente mayor utilice nuestras instalaciones fuera de las horas punta.

El foco puede ser amplio o muy delimitado. Dentro de un foco amplio pueden existir varios focos muy concretos. Lo importante de los focos es que se *expresen con firmeza.* Hay que utilizar el sombrero azul específicamente para dar lugar a la definición del foco y para controlar cualquier desvío del mismo. El tiempo invertido en pensar sobre el pensamiento nunca es un tiempo perdido.

- Me voy a poner el sombrero azul para decir que nos hemos desviado mucho de lo que nos hemos propuesto pensar. Tenemos muchas ideas interesantes, pero ninguna es relevante con respecto al foco de partida. Tenemos que volver a la ruta establecida. ¿Algún comentario más con sombrero azul?
- Poneos el sombrero azul y decidme cómo creéis que lo estamos haciendo. ¿Estamos llegando a alguna parte?

Formular una pregunta es el modo más sencillo de enfocar el pensamiento. Se dice con mucha frecuencia que formular la pregunta adecuada podría ser la parte más importante del pensamiento. Por desgracia, resulta mucho más sencillo plantear las preguntas adecuadas *a posteriori*, cuando ya se ha obtenido una respuesta. No obstante, la atención al marco y al foco de una pregunta es un aspecto importante del pensamiento de sombrero azul.

Las preguntas se dividen en dos tipos. Existe la *pregunta de tanteo*, que es exploratoria (como poner cebo en un anzuelo, pero sin tener muy claro qué se puede conseguir). El otro tipo es la *pregunta disparo*, que se utiliza para comprobar una cuestión y cuya respuesta es un sí o un no rotundos (como apuntar a un pájaro y acertar o no).

- La pregunta no es tanto qué hacemos, sino cuándo lo hacemos. El tiempo es vital. ¿Qué factores debemos tener en cuenta en la programación del tiempo?
- La cuestión es si el cliente percibió realmente las ventajas fiscales o si éstas sólo proporcionaron a nuestros comerciales un dato para favorecer las ventas de seguros.

En realidad, los problemas son sólo un tipo especial de pregunta: ¿cómo conseguimos esto? La definición del problema es importante; de lo contrario, la solución podría ser irrelevante o innecesariamente incómoda. ¿Es ése el problema real? ¿Por qué queremos resolver ese problema? ¿Cuál es el problema subyacente?

- En realidad, el frío no es el problema. La percepción del frío es el problema. Esto lo podemos cambiar.
- El problema no es que no tenemos nieve, sino que no se puede esquiar. Así que llevamos a la gente en autocares allí donde hay nieve.

En lugar de suponer que se va a encontrar la mejor definición del problema, resulta más práctico establecer un conjunto de definiciones alternativas. Todo esto forma parte del pensamiento de sombrero azul.

También es papel del pensador de sombrero azul plantear tareas de pensamiento específicas. Ello resulta todavía más importante cuando el individuo piensa en solitario.

- Exponer el objetivo de esta reunión. ¿Qué tipo de resultado consideraríamos satisfactorio?
- Comencemos por enumerar los puntos de acuerdo entre las dos partes.
- La tarea de pensar consiste en calcular cómo podríamos decidir sobre este punto aquí y ahora.
- Enumeremos cuatro «zonas sensibles a las ideas» relacionadas con la educación escolar.
- Sombrero negro para nuestra campaña publicitaria actual.

Una tarea de pensar puede ser diminuta o muy amplia, y requerir un logro específico o bien pedir ideas en torno a un tema.

- Sólo quiero algunas ideas exploratorias sobre este negocio de venta por televisión.
- ¿Cómo podemos averiguar si esta estrategia ha dado buenos resultados?
- ¿Por qué estamos teniendo dificultades para decidir entre estas alternativas?

Cuando una tarea de pensar no se puede llevar a cabo, es preciso redactar una nota sobre el fallo.

- No hemos encontrado una explicación a este aumento del consumo de caramelos. Tendremos que retomar el tema más adelante y ver si surge alguna hipótesis que se pueda probar.
- No hemos encontrado ideas para aumentar el consumo de cordero. Tal vez sería mejor que dividiésemos la cuestión en subproblemas.

El pensador de sombrero azul se enfrenta al objetivo y dice: «Es esto. Dispara en esa dirección».

39

PENSAMIENTO DE SOMBRERO AZUL

Diseño del programa

Paso a paso.
Software para pensar.
Coreografía.

Los ordenadores tienen su software, que les dice qué tienen que hacer en todo momento. Sin el software, un ordenador no puede funcionar. Una de las funciones del pensamiento de sombrero azul consiste en diseñar un software para pensar sobre un tema determinado. Es posible contar con estructuras fijas que se pueden aplicar a cualquier situación. Lo que quiero tratar en esta sección es el software a medida, diseñado para cada situación concreta.

- Empezaremos con un poco de pensamiento de sombrero azul para diseñar el programa que queremos seguir.
- Ésta es una situación inusual. ¿Por dónde empezamos? ¿En qué deberíamos pensar?

Al final de la sección anterior mencionaba que durante la mayor parte del tiempo, el pensamiento de los seis sombreros consistirá en intervenciones ocasionales en el transcurso de un pensamiento de tipo discusión normal. Se producirán peticiones ocasionales de un tipo específico de pensamiento simbolizado en un sombrero para pensar. Aquí quiero considerar la posibilidad del programa formal que establece una secuencia de pasos.

Existe el baile de estilo libre, en el que los bailarines improvisan para expresar el tema global. Y existe el ballet formal, en el que cada paso está determinado de manera precisa por la coreografía. Este aspecto de la coreografía del sombrero azul es el que deseo tratar aquí, pero no quiero que el lector piense que así es como hay que utilizar los seis sombreros en todo momento.

Asimismo, quiero dejar claro (como ya he hecho antes) que los programas de sombrero azul pueden incluir muchos más aspectos del pensamiento que sólo los seis sombreros.

• Deberíamos empezar analizando todos los factores que debemos tener en cuenta para diseñar esta línea de ropa infantil.

• Deberíamos empezar trazando un mapa con los puntos de acuerdo, los puntos de desacuerdo y los puntos irrelevantes en esta disputa.

El programa variará en función de la situación. El programa para solucionar un problema será distinto al programa utilizado para diseñar una embarcación. Un programa de negociación no será igual que uno de toma de decisiones. Incluso en este último campo, el programa empleado para una decisión puede diferir del que se utilice para otro. El pensador de sombrero azul adapta el programa a la situación, igual que un carpintero planifica cómo va a hacer una silla o un armario.

Si el tema provoca sentimientos intensos en los pensadores, sería conveniente utilizar el sombrero rojo en primer lugar. Con él se plantearían abiertamente los sentimientos. Sin este pensamiento de sombrero rojo, cada participante podría intentar expresar sus emociones de manera indirecta a través de otros medios (por ejemplo, un exceso de pensamiento de sombrero negro). Cuando las emociones se hagan visibles, el pensador se sentirá más libre de ellas. Incluso es posible que se ejerza más presión sobre ese pensador para que sea objetivo.

El siguiente paso podría ser el pensamiento de sombrero blanco para poner sobre la mesa toda la información relevante. Por lo general, es necesario volver al sombrero blanco de vez en cuando (como una especie de subrutina) para comprobar diferentes puntos.

A continuación, se aplica el pensamiento de sombrero amarillo para plantear proposiciones y sugerencias. Puede producirse una interacción entre los sombreros azul y amarillo, ya que el primero formula preguntas y señala las zonas problemáticas. El pensamiento de sombrero blanco también sirve para plantear enfoques novedosos del problema.

- En el pasado, lo que hemos hecho en estas situaciones es lo siguiente.
- Todos conocéis los enfoques tradicionales. No obstante, los repetiré.

El pensamiento de sombrero azul puede definir zonas que necesitan nuevos conceptos. El sombrero verde, a continuación, intentará generar algunos conceptos nuevos. Como alternativa podría incluirse un período formal de sombrero verde en el que cada pensador lleve a cabo su propia pausa creativa.

- Me gustaría ver si se nos ocurren formas más sencillas de ajustar los pagos de primas a la liquidez de un individuo.
- Tiene que existir un modo mejor de vender libros. Quiero aplicar el sombrero verde a esta idea.

En este punto, una fase de sombrero azul organizaría las propuestas disponibles en una lista formal. Las propuestas se podrían dividir en categorías: las que requieren una valoración individual, las que necesitan ser ampliadas y las que simplemente hay que tener en cuenta.

A continuación podría tener lugar una mezcla de sombreros blanco, amarillo y verde con el fin de desarrollar cada propuesta. Se trata de la fase de pensamiento constructivo.

El pensamiento de sombrero amarillo puro es el siguiente, y se emplea para ofrecer una valoración positiva de cada alternativa contemplada como una posibilidad seria.

Llega el turno del sombrero negro, utilizado a modo de chequeo. El propósito del sombrero negro consiste en señalar qué alternativas son imposibles o inservibles. El pensamiento de sombrero negro también puede plantear un reto al valor de las alternativas útiles.

El pensamiento de sombrero amarillo y verde se emplea a continuación para superar los objetivos propuestos por el sombrero negro: corregir errores, eliminar los puntos débiles y solucionar los problemas.

Todavía se puede aplicar más veces el sombrero negro para señalar riesgos, peligros y carencias.

A continuación podría seguir una fase de sombrero azul para recabar una visión general de lo que se ha conseguido y organizar la estrategia de la «elección de ruta».

Sigue el pensamiento de sombrero rojo para permitir a los pensadores que expresen sus sentimientos sobre las opciones disponibles.

Acto seguido se aplica el procedimiento de selección como una mezcla de sombreros amarillo y negro. Se trata de buscar la alternativa que mejor se adapte a las necesidades.

Finalmente, una sesión de sombrero azul establecerá la estrategia para pensar sobre la puesta en práctica.

Toda esta secuencia puede parecer muy compleja, pero en la práctica las fases se suceden de forma natural, como cambiar de marcha cuando conducimos.

Si se va a seguir un programa predeterminado, resulta esencial que todos los participantes en la sesión lo conozcan. Si un pensador sabe que está a punto de comenzar una sesión de sombrero negro, se sentirá menos obligado a utilizar interjecciones típicas de ese sombrero por temor a que se le pase algo importante.

Conviene recordar que la mayor parte del pensamiento es en realidad una mezcla de sombreros negro y blanco (con emociones no expresadas de sombrero rojo como telón de fondo).

- Esto es lo que necesitamos hacer en este tipo de situaciones.
- Por eso no va a funcionar lo que tú sugieres.

El programa de sombrero azul puede estar predeterminado por el coordinador de la sesión o bien diseñado mediante pensamiento de sombrero azul con la participación de todos los presentes.

40

PENSAMIENTO DE SOMBRERO AZUL

Resúmenes y conclusiones

Observación y visión general.
Comentarios.
Resúmenes, conclusiones, recolección e informes.

El pensador de sombrero azul observa el pensamiento que tiene lugar. Es el coreógrafo que diseña los pasos, pero también el crítico que presta atención a lo que ocurre. El pensador de sombrero azul no conduce, observa al conductor. Y también tiene en cuenta la ruta que se ha tomado.

El pensador de sombrero azul puede realizar comentarios sobre lo que observa.

- Estamos dedicando demasiado tiempo a discutir sobre este tema. Vamos a anotarlo como un punto en el que hay visiones en conflicto.
- Parecemos muy preocupados por el coste de esta operación, pero todavía no hemos planteado si reportará algún beneficio. Sin duda, deberíamos pensar primero en eso.

• David, sigues insistiendo en la misma idea. Ya la tenemos anotada como una de las principales posibilidades, y la examinaremos más tarde. Creo que deberíamos intentar plantear más alternativas. Esta sesión está pensada para ser una exploración, no una discusión.

De vez en cuando, el pensador de sombrero azul ofrece una visión general de lo que ha ocurrido y de lo que se ha logrado. Es la persona que permanece junto al atril y anota las alternativas que van surgiendo.

• Vamos a resumir lo que hemos conseguido hasta ahora.
• Voy a repasar los puntos más importantes que hemos tratado. Si alguien no está de acuerdo con mi resumen, que lo diga.

La tarea del pensador de sombrero azul consiste en dar forma a lo que parece una discusión caótica. Aunque me refiero al pensador de sombrero azul como una persona individual, siempre es posible que esta tarea la desempeñen todos los miembros del grupo. De hecho, el pensador de sombrero azul puede pedir a los demás que se pongan el sombrero azul y lleven a cabo la tarea.

• Sugiero que hagamos una pausa en este punto, que nos pongamos todos el sombrero azul y que invirtamos unos minutos en resumir individualmente lo que creemos que hemos conseguido hasta el momento.

- Poneos el sombrero azul y decidme hacia dónde debemos ir.

Del mismo modo que el pensador de sombrero azul tiene que ofrecer un resumen de los logros cada cierto tiempo, también es una función de este sombrero reunir las conclusiones finales.

- Con el sombrero azul, creo que las conclusiones son las siguientes.
- ¿Estamos todos de acuerdo en que éstas son las conclusiones a las que hemos llegado?

El pensamiento de sombrero azul tiene que realizar el resumen final y preparar el informe. Esto no significa que sea tarea de un solo individuo (aunque puede ser así), sino que cada pensador se sitúa en el papel del sombrero azul para comentar de forma precisa y objetiva el proceso de pensamiento que ha tenido lugar.

Una de las funciones del sombrero azul consiste en ser un «fotógrafo» que observa y registra el pensamiento que tiene lugar.

41

PENSAMIENTO DE SOMBRERO AZUL

Control y seguimiento

El coordinador.
Disciplina y foco.
¿Quién es el responsable?

En general, el coordinador de cualquier reunión tiene una función de sombrero azul automática. Mantiene el orden y se asegura de que se respete el programa.

Existe la posibilidad de asignar un papel específico de sombrero azul a una persona que no sea el coordinador. Este pensador de sombrero azul tendrá la tarea de hacer el seguimiento del proceso de pensamiento dentro del marco establecido por el coordinador. Puede darse el caso de que al coordinador no se le dé bien ese seguimiento.

Quiero dejar muy claro que cualquier participante en una reunión puede ejercer una función de sombrero azul.

- Voy a ponerme el sombrero azul para decir que los comentarios de la señora Brown son inadecuados en este momento.
- Voy a ponerme el sombrero azul para decir que creo que nos estamos apartando del tema central.
- Mi pensamiento de sombrero azul me dice que deberíamos definir este punto como un problema clave y después intentar resolverlo, ahora o más tarde.

El pensamiento de sombrero azul garantiza el cumplimento de las reglas del juego. Este aspecto de la disciplina puede recaer en el coordinador o en el pensador de sombrero azul designado para el papel, pero también está abierto a los comentarios de todos.

- Esto es pensamiento de sombrero rojo. Queremos conocer tus sentimientos, no la razón por la que los tienes.
- Lo siento, eso es claramente pensamiento de sombrero negro y ahora mismo está fuera de lugar.
- Ésa no es la forma de tratar una idea con el pensamiento de sombrero verde. Se supone que tienes que utilizar el movimiento, no el juicio.
- ¿Realmente se supone que esa información es de sombrero blanco? Parece más un sentimiento de sombrero rojo.
- El papel del sombrero azul consiste en resumir el pensamiento que ha tenido lugar, no en discutir para apoyar una de las alternativas.

En la práctica, los diferentes sombreros se superponen y no hay necesidad de ponerse pedante por eso. Es posible que ocurra especialmente en el caso de los sombreros amarillo y verde, y blanco y rojo debido a las mezclas de hechos y opiniones.

Asimismo, resulta poco práctico cambiar de sombrero a cada comentario.

Lo que es importante es que si se establece un modo de pensamiento definido, los pensadores *deben realizar un esfuerzo consciente* para pensar siguiendo ese modo. Si se trata del sombrero amarillo, tiene que ser pensamiento de sombrero amarillo.

Cuando no se pide un sombrero específico, resulta innecesario suponer que cada comentario debe recaer en uno u otro sombrero. También es perfectamente posible que alguien añada un comentario procedimental sin indicar formalmente que está empleando el sombrero azul.

Por otro lado, resulta muy importante identificar formalmente los sombreros de vez en cuando. No basta con suponer que el tipo de sombrero se deducirá del comentario. Precisamente, lo importante es la disciplina de intentar seguir un modo de pensamiento. De lo contrario, volveremos al modo de discusión.

Una de las tareas más importantes del control con el sombrero azul consiste en disolver las discusiones.

- Creo que el aumento de las ventas de carne de pavo se debe a que ahora el consumidor se preocupa más por la salud.
- Yo creo que se debe sencillamente a que es más barata.

En este punto, el pensador de sombrero azul podría preguntar si alguien tiene información de sombrero blanco para zanjar el asunto.

- Como no podemos zanjar este asunto, anotaremos que hay dos explicaciones para esta tendencia. No tenemos que decidir cuál es la correcta.

Por tanto, ambas ideas se sitúan en el mapa de pensamiento. En este caso concreto, los dos puntos de vista podrían ser acertados. En otras ocasiones puede ocurrir que las dos ideas sean incompatibles. No obstante, ambas se pueden anotar para discutirlas más adelante.

- Ahora podemos volver a ese punto que no pudimos decidir antes. ¿Podría considerarse una política de precios depredadora? Vamos a concentrarnos directamente en esta cuestión.
- El señor Jones cree que una garantía en los precios de las vacaciones supondría una gran diferencia con respecto a las ventas. La señora Adams considera que no, y que podría resultar demasiado caro. Vamos a dedicar unos minutos a esta cuestión. ¿Qué nos ofrece el pensamiento de sombrero blanco? Si hubiésemos in-

cluido esa garantía en años anteriores, ¿cuánto nos habría costado?

Un eficaz modo de tratar las ideas opuestas consiste en suponer que cada una es correcta *en determinadas circunstancias.*

- ¿En qué circunstancias tendría razón el señor Jones? ¿Y en qué circunstancias tendría razón la señora Adams?

Las dos partes pueden tener razón. El siguiente paso consiste en averiguar qué circunstancias se acercan más a la situación actual.

Este mismo enfoque se puede utilizar en la evaluación de ideas con el método del *mejor hogar.* ¿Cuál sería el mejor hogar para esta idea?

- Este producto sería maravilloso para una gran empresa con dominio en el mercado. Este otro producto sería adecuado para una pequeña empresa que intenta abrirse un hueco en el mercado. ¿Cuál somos nosotros?

Hay ocasiones en las que el pensador de sombrero azul tiene que ser muy directo.

- Parece que nos hemos quedado estancados en una discusión. Anotaremos los dos puntos de vista y los retomaremos más tarde.

- Estamos utilizando el modo de mapa, y no el de discusión. Si tenéis puntos de vista distintos, anotadlos. No intentéis demostrar que tenéis razón y que el otro está equivocado.
- Los dos habéis dicho lo que queríais. Continuar con esto sería discutir y no estamos aquí para eso.
- Por favor, dejad de discutir.
- Quiero que utilicéis el sombrero amarillo para pensar en el punto de vista del otro. Así se acabará la discusión.

La formalidad del sombrero azul permite a cualquier pensador ser mucho más directo que en cualquier otra situación.

42

RESUMEN DEL PENSAMIENTO DE SOMBRERO AZUL

El sombrero azul es el sombrero del control. El pensador de sombrero azul organiza el propio pensamiento. El pensamiento de sombrero azul consiste en pensar sobre el pensamiento necesario para explorar el tema.

El pensador de sombrero azul es como un director de orquesta. Su papel consiste en requerir el uso del resto de sombreros.

El pensador de sombrero azul define los temas a los que hay que dirigir el pensamiento. El pensamiento de sombrero azul establece el foco, define los problemas, da forma a las preguntas y determina las tareas de pensamiento que se van a llevar a cabo.

El pensamiento de sombrero azul es responsable de los resúmenes, las visiones globales y las conclusiones, que se pueden presentar de vez en cuando en el transcurso de la sesión, y también al final.

El pensamiento de sombrero azul hace el seguimiento del pensamiento y garantiza que se respeten las reglas del juego. Detiene las discusiones e insiste en el tipo de mapa de pensamiento. Además, obliga a mantener una disciplina.

El pensamiento de sombrero azul se puede utilizar para aportar interjecciones en ocasiones que requieren un sombrero. También sirve para establecer una secuencia de pensamiento paso a paso que habrá que seguir como si fuese una coreografía.

Aunque el papel específico del sombrero azul se asigne a una persona, todos pueden ofrecer sus comentarios y sus sugerencias de sombrero azul.

43

BENEFICIOS DEL MÉTODO DE LOS SEIS SOMBREROS

En la práctica, una de las cosas más espectaculares del uso del método de los seis sombreros es que las decisiones parecen tomarse solas. Cuando se llega al sombrero azul final, la decisión suele parecer obvia. Resulta difícil de creer dicho así, en teoría, pero ocurre muy a menudo en la práctica.

La semana después de que apareciese una breve reseña del método en el *Financial Times* (Londres), recibí una carta de una pareja que estaba buscando casa. No acababan de decidirse a comprar una casa grande en el campo. Se habían pasado horas discutiendo. El marido finalmente sugirió que utilizasen los sombreros, ya que había leído la reseña. Me escribió para decirme que en diez minutos tomaron una decisión satisfactoria para ambos.

Para los que nunca han probado el método puede parecer que los sombreros ayudan a explorar un tema a fondo y que después debería seguir una fase de toma de decisiones específicas. Esta visión pasa por alto el hecho de que determinados sombreros (el rojo, el amarillo y el negro) se utilizan para valorar, no sólo para aportar información.

Si tienes que conducir hasta un destino determinado y las personas implicadas conocen las carreteras de forma muy vaga, se producirá una discusión sobre la mejor ruta posible. En cambio, si existe un mapa con las carreteras, las densidades del tráfico y el estado del firme, resultará más fácil elegir la mejor ruta. La elección pasa a ser obvia para todo el mundo. Eso es exactamente lo que ocurre con el método de los seis sombreros.

Si no es posible tomar una decisión, el sombrero azul final debería explicar por qué. Es posible que se necesite más información en un punto determinado. O que existan valores irreconciliables. El sombrero azul final puede definir un nuevo foco de pensamiento que pasará a ser la tarea de una nueva sesión de pensamiento.

TÉCNICAS ESPECIALES

Con el sombrero azul final siempre es posible adoptar técnicas especiales de toma de decisiones si se consideran necesarias. Estos procesos no están excluidos sólo porque se esté utilizando el método de los seis sombreros. Sin embargo, conviene introducirlos sólo cuando resulte difícil llegar a una conclusión. Casi nunca son necesarias, y recurrir a ellas sólo añadiría una complejidad innecesaria.

NO ES DE EXTRAÑAR

No es de extrañar que con el método de los seis sombreros la decisión parezca llegar por sí sola. Después de todo, cuando tomamos decisiones pasamos por un proceso parecido (ventajas, inconvenientes, sentimientos, hechos...). El método de los seis sombreros sigue todos esos pasos. Por tanto, lo que hasta ahora tenía lugar en la mente de un individuo se hace de manera sistemática y pública.

Como ocurre en cualquier otro proceso de toma de decisiones, llegar a la decisión final puede parecer difícil o imposible. Tal vez requiera equilibrar dos valores en conflicto, o puede que dependa de una especulación sobre el futuro (y no se puede eliminar la incertidumbre sobre el futuro). En este punto surge la necesidad de diseñar un camino hacia adelante que abarque las dos posibilidades.

Si esto no es posible y todavía falta tomar una decisión, se recurre al sombrero rojo.

Al final, todas las decisiones son en realidad de «sombrero rojo». Nosotros disponemos los factores, pero la decisión final es emocional.

CONCLUSIÓN

El mayor enemigo del pensamiento es la complejidad, que provoca confusión. Cuando el pensamiento es claro y sencillo, pasa a ser más placentero y más efectivo. El concepto de los seis sombreros para pensar es muy sencillo de entender y de utilizar.

El concepto de los seis sombreros para pensar tiene dos propósitos básicos. El primero consiste en simplificar el pensamiento porque permite tratar los puntos de uno en uno. En lugar de tener que prestar atención a las emociones, la lógica, la información, la esperanza y la creatividad a la vez, el pensador puede hacerlo por separado. En lugar de utilizar la lógica para apoyar una emoción medio disfrazada, el pensador puede mostrar esa emoción con el sombrero rojo sin necesidad de justificarla. El sombrero negro se encarga del aspecto lógico.

El segundo propósito principal del concepto de los seis sombreros para pensar radica en permitir un cambio en el pensamiento. Si una persona presente en una reunión es negativa de manera persistente, se le puede pedir que se quite el sombrero negro. Así se le hace saber que está siendo negativa. También es posible pedirle que se ponga el sombrero para pensar amarillo: es una petición directa para que sea positiva. De este modo, los seis sombreros proporcionan un lenguaje definido pero nunca ofensivo. Lo más importante es que ese lenguaje no amenaza el ego o la personalidad de nadie. Al convertirse en una especie de juego, el concepto de los sombreros permite requerir determinados tipos de pensamiento. Los sombreros pasan a ser algo así como un manual abreviado de instrucciones.

No estoy sugiriendo que nuestro pensamiento tenga que utilizar conscientemente y en todo momento los sombreros. Resulta innecesario. Es posible que de vez en cuando queramos recurrir a los sombreros en una secuencia formalmente estructurada, y en esos casos plantearíamos la estructura de antemano. Resulta más habitual recurrir a los sombreros en el transcurso de una discusión, o tal vez queramos pedir a alguien que se ponga un sombrero determinado. Al principio puede parecer un poco extraño, pero con el tiempo estas peticiones resultarán naturales.

Es obvio que el marco resultará más útil si todos los participantes conocen las reglas del juego. Por ejemplo, todos los que acostumbran a reunirse para discutir sobre un tema deberían conocer el significado de los diferentes sombreros. El concepto funciona mejor cuando se ha convertido en una especie de lenguaje común.

Existen numerosas organizaciones en las que el simbolismo de los sombreros ya forma parte del lenguaje cotidiano como medio para dirigir el pensamiento de manera más efectiva.

LOS SISTEMAS DE PENSAMIENTO DE BONO

Hay una red de más de mil formadores en todo el mundo que están acreditados en el sistema de pensamiento De Bono. Tienen mucha experiencia como profesores de mi pensamiento en empresas, y miles de éstas han recibido formación de este tipo en todo el mundo. Consulte www.debonothinkingsystems.com para contactar con el distribuidor en el país seleccionado.

Si quiere contactar conmigo de manera directa en relación con seminarios y conferencias, la mejor manera es a través de mi secretaria, en paddyhills@hotmail.com.

Estoy creando un club para personas genuinamente interesadas en el importante tema del pensamiento humano. Puede acceder a él en: www.debonosociety.com.

La red De Bono Thinking Systems proporciona formación en pensamiento lateral; los métodos de los seis sombreros y las seis medallas del valor; simplicidad, objetivo: la simplificación y en el programa DATT (Herramientas de Pensamiento de Atención Directa).